夕阳下的成长
——老年人观念提升读物

周玉萍 著

知识产权出版社
全国百佳图书出版单位
—北京—

图书在版编目（CIP）数据

夕阳下的成长：老年人观念提升读物/周玉萍著. —北京：知识产权出版社，2022.1
ISBN 978-7-5130-6791-1

Ⅰ.①夕… Ⅱ.①周… Ⅲ.①老年人-生活-通俗读物 Ⅳ.①Z228.3
中国版本图书馆CIP数据核字（2021）第271922号

内容提要

本书是在健康老龄化成为众所瞩目的问题背景下、在太原市社会工作名家工作室的资助下撰写完成的，旨在激发老年人自身养老过程中的内在动力，提升老年人的观念，进而提高老年人的生活质量。全书以"老年人健康生活方式养成"为主题，以老年生活中的大量实际案例为基础，分三部分阐述了老年人经常遇到的问题及其处遇方式，低龄、中龄、高龄不同时期的生理与心理变化，基本的社区老年服务方案等。

本书为普及读物，充分考虑到了可读性与趣味性，适合老年读者阅读。

责任编辑：张珑　　　　　　　　　**责任印制：孙婷婷**

夕阳下的成长——老年人观念提升读物

周玉萍　著

出版发行：知识产权出版社有限责任公司	网　址：http://www.ipph.cn
电　话：010-82004826	http://www.laichushu.com
社　址：北京市海淀区气象路50号院	邮　编：100081
责编电话：010-82000860转8763	责编邮箱：laichushu@cnipr.com
发行电话：010-82000860转8101	发行传真：010-82000893
印　刷：北京虎彩文化传播有限公司	经　销：新华书店、各大网上书店及相关专业书店
开　本：880mm×1230mm 1/32	印　张：8.75
版　次：2022年1月第1版	印　次：2022年1月第1次印刷
字　数：132千字	定　价：38.00元
ISBN 978-7-5130-6791-1	

出版权专有　侵权必究
如有印装质量问题，本社负责调换。

前　言

　　生命宛如一辆列车，出站了便一直朝着终点行进。有的人未及终点，便失能失智，因无法自理而备受煎熬。似乎人生是无奈的，归之于宿命只能安慰痛苦的心灵，无法解决问题。在这趟人生的旅途中只有观念的提升、生活方式的改善，才能改善人的处境，延长人的健康生存时间，提高生命质量。这意味着不但青年时期需要成长，衰老之后，更加需要成长。只有成长，才能活得更好！正如法国哲人莫洛亚所言："老年人的真正不幸，不是身体的衰败、生理的退化，而是固有知识的禁锢所造成的心灵的冷漠。当老年人的生命健康有所保障，发展权利得到尊重，那么接下来的任务就是要让燃燃不息的生命之火在教育的帮助下不断释放出积极的能量，完成生命最后的价值。"道理很简单："我们不仅要给生命以岁月，努力实现寿命的延长目标，而且要给岁月以生命，努力赋予长寿以质量与意义。"老年人的生命发展需求是老年生命教育的根本驱动力。只要需求存在，教育就应不止。老年人的教育相伴老年生活的始终。老年教育更加注重的是在有限的自然生命时间内，通过教育途径体验和获得更多的生活事件，进一步彰显晚年生命的独特价值所在，从而提升完整生命的总体质量。

谁能帮助老年人成长？以前老年人都是在自悟，老年人自己在照料上一辈的时候，感悟到生命的艰辛和不易，从而体悟到应该尽力让自己拥有健康的生活方式、自律的习惯，避免生命晚期的折腾。有的人是在观察到别人照顾老年人的艰辛中，体悟到自己的生活应该怎么过。但是有些老年人是没有体悟过程的，他们发生失能、失智的概率更大。

笔者常常在思考，社区能做什么，该做什么。在老年人退休之后，他们如同一片树叶一样从树上飘落下来，落到了"社会"这样一个茫茫大地之上。没有人提醒他们现在该做什么，他们大多立刻投入照顾下一代或者照顾上一代的艰辛劳动之中，没有自我，全身心付出，他们甚至没有来得及考虑自己该怎样"老"，就已经老了。角色理论认为："一个人的角色

前言

丧失越多，参与的活动越少。"老，是一种境遇，不知道怎样度过老年期，就已经老了，是一种没有精神依托的"老"的境遇，生命陷入无所依托、无所事事之中。有的老人开始看电视连续剧，一集一集看，一天一天看，看到眼睛患病；有的老年人迷恋上网、打游戏，坐着不动，终成脑梗死；有的"战斗"在麻将桌上，累到颈椎腰椎增生。当然也有人找到了自己生命的支点，或延续以前的工作，或捡起年轻时的爱好，或学习了新技能，进入到因顺生命、边走边做自己喜欢的事情的时期。低龄期（60~70岁）的分化是未来几十年生活的基础，社区对这些人有观察、有分析、有管理吗？没有。社区工作人员认为：低龄老年人抓不住，他们都忙，往往什么活动也不参加；等到他们来社区的时候就已经是走不动，玩儿不了了。社区组织编织活动、烘焙活动、娱乐活动，参加的多数是70岁以上的老年人，他们在外边跑不动了才来社区。但是这个时候思想和习惯已经形成了，宛如列车已按固定的轨道、顺着"惯性"急速奔驰，"刹车"的干预效果甚微。

2020年春季，在太原市周玉萍老年社会工作名家工作室（太原市社会工作名家工作室之一）的资金支持下，笔者及团队走进了多个社区，在社区居委会主任的配合下开始试验自己的方案，探索老年人改变观念的社会工作方法，提升老年人的晚年生活质量，有主题教育、小组活动、互动体验式教育。开展的活动以老年人与老年人之间的互相交流、正向引导为主要方式，目标是培养出更多的社区"教育者"——老年人。他们自己组织活动，自己讲述自己的生活经历，提醒其他老年人注意养成良好的健康习惯。在社区里，更多的老年人在互动中感悟、体会、成长，老年人的精神生命与社会生命在社区建立起来。社区成为老年人心灵归属地，也解决了自身在养老服务中的角色定位问题。

工作的同时，笔者也开始写作这本书。聚焦于老年人的思想成长，写老年人身边的故事及进入老年期后的人生百态，以老年人拥有健康生活方式，提升自身生命质量为主题，为老年人、老年人家属、为老年人服务的朋友们而写。

全书分为六章，前三章为针对所有老年人的观念介绍，第四章到第六章为低龄、中龄、高龄不同阶段

前言

问题的处遇方式等内容。与注重养老服务设施与条件建设不同，笔者认为管理生活方式才是提高生存质量的主要路径。提升老年人的观念，激发其内在动力，并给予助推力，使更多的老年人走入管理生活方式的轨道。老年期是一个没有纠错机会的时期，社区对老年人应有观察、有分析、有管理，不可放任自流。社区真正大有可为的恰恰在这里：在老年人走向衰老的过程中，制订一些观念调整的计划，让老年人到养老院去看看，从事一些体验性的活动，进而珍惜现在的时光，树立正确的养老观念，不再被遗憾包围。这个任务如此迫切。坐而论道，不如起而行道。

2020年到2021年，在新型冠状病毒肺炎疫情肆虐的间隙中，本书的写作顺利进行。感谢为此书的写作创建条件的太原市委人才工作领导小组、太原市民政局的领导，感谢给予修改建议的工作室同人张芳芳、王成、王晓敏等，他们或者带领学生开展实务，或者协助修订书籍。感谢我的家人承担了主要的家事，让我心无旁骛地从事老年学研究。有大家的共同努力，才有这本书的出版。写作此书也是成长的过程，那些在书中出现的老人们（均为匿名）为我提供了鲜活的案例。祝今天的老年人，也祝明天的我们，享有成长，活得更好！

目 录

第一章 老年期的思想准备

第一节 面向老年的思考 …………………… 4
一、老年生活的三种类型 ………………… 4
二、老年生活的心态 ……………………… 11
三、老年生活的自律支撑 ………………… 14

第二节 找到老年生活的支点 ……………… 20
一、老年生活目标的构建 ………………… 21
二、老年生活意义的建构 ………………… 27
三、老年社会关系的处理 ………………… 35

第三节 老年生活的调整与适应变化 ……… 45
一、老年期的角色调适 …………………… 46
二、老年期的适应变化 …………………… 48

三、老年期的规律生活 ················· 55

第二章　老年期的家庭关系

第一节　老年期的夫妻关系 ············· 65
一、用心维护夫妻关系 ················· 66
二、遇到矛盾妥善处理 ················· 71
三、相互扶持与照顾 ··················· 73

第二节　老年期的代际关系 ············· 76
一、父母真诚奉献，不求回报 ··········· 76
二、子女关爱老年人，不嫌麻烦 ········· 80
三、多年父子成朋友 ··················· 86
四、理性处理财产，全家和睦 ··········· 94

第三节　老年人的隔代教养 ············· 106
一、"带孩子与不带孩子"的考量 ········ 106
二、养育中的代际互动 ················· 112
三、隔代教养防弊端 ··················· 117

第三章　老年期的社会参与

第一节　老年人社会参与的开启与意义 …………… 127
一、老年人社会参与的开启 ………… 128
二、老年人"社会参与"的意义 ………… 130

第二节　老年人社会参与的内容 …………… 135
一、政府组织的各类活动 …………… 136
二、企事业单位就业 ……………… 137
三、老年大学等组织的学习 ………… 138
四、文化娱乐活动 ………………… 139
五、志愿服务活动 ………………… 141

第三节　老年人社会参与的困境与突破 ………… 142
一、老年人社会参与中的个人困难 ………… 143
二、社会参与的渠道与路径局限 ………… 148
三、老年人社会参与困境的突破 ………… 150

第四章　低龄老年人健康生活方式的养成

第一节　简单与复杂：低龄老年人生活之分化 … 159
　　一、简单的退休环节 …………………… 160
　　二、复杂的生存状态 …………………… 161

第二节　自悟与他悟：低龄老年人之教育方式 … 164
　　一、有限的自悟 ………………………… 165
　　二、无限的他悟 ………………………… 167

第三节　追踪与干预：生活方式转变之约束 …… 171
　　一、社区追踪 …………………………… 171
　　二、社区干预 …………………………… 172
　　三、社区健身设施的建设 ……………… 174

第五章　中龄老年人的健康维护与心理关爱

第一节　中龄老年人的身体健康维护 …………… 177
　　一、谨慎维护身体健康 ………………… 177

二、与疾病为友 …………………………… 186
　三、优化健身方式 …………………………… 189

第二节　中龄老年人的心理健康维护 …………… 195
　一、中龄老年人的心理问题 ………………… 195
　二、中龄老年人保持心理健康的方式 ……… 200
　三、积极运用社会资源 ……………………… 205

第六章　高龄老年人的社会支持与生命教育

第一节　高龄老年人的自我成长 ………………… 209
　一、高龄老年人的心理成长 ………………… 210
　二、高龄老年人权益保障 …………………… 215
　三、高龄老年人的三重生命 ………………… 220

第二节　高龄老年人的家庭与社会支持 ………… 225
　一、高龄老年人的家庭支持 ………………… 225
　二、高龄老年人的社区支持 ………………… 231
　三、选择合适的养老院 ……………………… 236

第三节　高龄老年人的生命教育 …………… 239
　一、高龄老年人的生命状态 …………… 239
　二、高龄老年人生命教育 …………… 243
　三、高龄老年人临终关怀 …………… 251

后　记 ……………………………………… 257

第一章
老年期的思想准备

第一章　老年期的思想准备

伴随着医疗水平、生活水平的提高,人的老年期在延长。"过去是'人活70古来稀',现在连80都不稀了!这无疑是社会进步、文明发展的结果。然而,寿命的延长也提出了这样的问题:我们如何应对这多出来的一段生命?我们如何让这一段生命过得有意义而且能够幸福?"① 作家周大新在长篇小说《天黑得很慢》中说:"很多人没有做好准备,就进入了老年。"法国作家米兰·昆德拉说:"人是对老年一无所知的孩子。"他还说过:"人永远都无法知道自己该要什么,因为人只能活一次,既不能拿它跟前世相比,也不能在来生加以修正。没有任何方法可以检验哪种抉择是好的,因为不存在任何比较。一切都是马上经历,仅此一次,不能准备。"在不能准备的人生中有所准备,在从60岁进入老年期,到"天完全黑下来"的这段时间里思考可能遭遇到的问题,并坦然应对,才能安然度过老年时光。

---

① 曲兰. 老年悲歌:来自父母的生存报告 [J]. 北京文学,2003(6):12.

第一节 面向老年的思考

人一旦退休,就真正进入老年期了。以往熟悉的生活完全改变,成为截然不同的样子。但是会成为什么样子呢?因人的选择不同而异。人的选择从什么时候开始呢?生理上60岁进入老年期,思想上对老年的思考应该更早,40岁、50岁,抑或在自己的爷爷奶奶、姥姥姥爷生病之时就已经开始了。思考清楚"我要过怎样的老年生活",才会迎来高质量的老年生活。

一、老年生活的三种类型

笔者在对百余名老年人的访谈中,问到"你将怎样度过自己的老年"时,大约有三种类型的老年人。

第一种类型是随遇而安型,他们会这样回答:

> 还能怎样?能动的时候,就跳跳舞,唱唱歌,帮衬着儿女带带孩子。到不能动了再说吧,找个养老院养老也行。

这种类型基本占到70%。心态平和，承担责任，但没有更多的规划。如果问他们平时怎么过，锻炼吗？他们会说：

> 早上出去走走，也不怎么锻炼。上午吃了饭，买买菜。中午睡一觉，就睡到4点了。下午了，公园转转，也不知道咋回事，一天就过去了。

如果生活习惯好，未来身体出问题的概率较小；如果生活习惯不好，嗜吃肥甘厚味，又缺乏运动，身体状况很快就会走下坡路。

第二种类型是积极进取型。这种类型的人有着较多的想法，对未来有一定的规划。但是比例不大，大约占20%。例如，一位临退休的财务人员说：

> 我退休了事情可多了，兼职做会计师，还计划健身，练习瑜伽，应该是可忙呢。

另一位临退休的事业单位干部说：

> 我呀，到退休了，就到郊区租个房子，包一块地，种种菜，养养花，过点田园生活。

还有计划学书法的，计划到亲戚家的铺子里帮忙的，不一而足。作家六六在《为自己的老年，时刻准备着》一文中，以对话体的形式，阐发了自己对老年期的思考。拒绝孤独，积极寻求有意义的生活，这是她所向往的老年状态。现摘录一段如下：

乐嘉问我，明年你中欧毕业了做什么？我答：我去美国学一年英语。他诧异地问："你英语这么好了为什么还要学？"我离英语好还有很大的距离，顶多是对话没问题，涉及灵魂与思想的沟通就显得很没有被教化。我对好几本英语原版的著作很有兴趣，可对它们的中译文本很不满意，我想学习后自己翻译。

乐嘉又问我："那学完英语你做什么？"

我答："我想报一个心理学的博士专业。我觉得这门技艺对我写作很有帮助，也更能理性分析现象背后的成因。"

乐嘉惊叹："你怎么有这么大动力？我认识你的这几年，你每天都在学习！你到底想干嘛？"

我想在自己年老的时候，依旧能感受生命

第一章 老年期的思想准备

之美。

总在看中国的宣教片,常回家看看,多陪父母说话,甚至为不探望父母还立法。这不是我要的老年——充满着弱势的怜悯,无奈的孝道重压。我不想让我儿子一想到出于理法道德不得不来看我就牙疼,我不想让自己老了以后活在整天期盼儿女孙子电话的孤单里。说实话,我也不想晚上的娱乐不是看电视就是跳广场舞。

我在国外,看过很多老年人精气神极好,打高尔夫,办派对,老得很有风骨和气质,状态极佳。其实中国也有很多这样的老年人,退休以后上老年大学,琴棋书画,写回忆录,还做点滴慈善。

人在老年的时候,也许体力不及年轻人,但经验是财富和宝藏;也许记忆力不及年轻人,但智慧却无可比拟——前提是你从未放弃过学习。

学习这种能力不是为孩童准备的,学习能力是伴随终生的。

……

古罗马哲学家西塞罗在《论老年》中说:老年人不仅要保重身体,还应注意理智与心灵的健康，因此老年也得不断学习。"一个总是在这些学习和工作中讨生活的人，是不会察觉自己老之将至的"。这与孔子所云"发愤忘食，乐以忘忧，不知老之将至"是一个道理。

想拥有一个丰富精神世界和果实累累的老年，我现在就要努力。①

这样类型的老年人虽然少，但是他们能够较长时间保持活力，活跃于各个行业，充实而幸福。

有人会说："她（六六）是作家，想学什么就学什么，想去哪儿就去哪儿。而我们普通人就没有那样的好运了。我们要看孩子，要管老人，等到把自己手中的事情忙完，就什么也干不了了，等着'那一天'呗。"寻常人虽然有许多牵绊，可是在牵绊中，照样有精彩。一位文化水平不高的老人，在公园里看到人们吹葫芦丝，心里向往。开始的时候连谱子里的"1、2、3"都需要标汉字才能发音，每天口袋里放个小音箱听，四年以后也会吹葫芦丝了。有人说"是音乐

---

① 六六. 为自己的老年，时刻准备着[J]. 魅力中国，2014（3）：58-59.

将她'熏'出来了"。一位中学教师在操场上看到打太极拳的老年人的飘逸,由衷感叹道:"以后我老了就活成这个样子就行了。"于是她开始练习太极拳,逐渐掌握了太极拳术,退休后开始在广场上传授太极拳术。一位普通女工在博物馆里看到精美的刺绣作品,非常喜欢,就开始师从一位老者学习刺绣,退休之后,十年时间绣出一幅"千里江山图"。这些老年人都因为爱好而创造了精彩的老年生活。

第三种类型是潇洒自如型。一位阿姨说:

> 一辈子已经够累了,还干什么呀?我计划到全国各地旅游。现在不是有夕阳红专列吗?全国各地看看。到走不动了,就到看中的地方买个房子,住到那儿去。我不打算看孩子,亲家母年轻,让他们看吧。我们顶多贴点钱。至于养老么,到时候再说。

潇洒自如型占比不多,仅占10%左右,但是凸显了个人享受生活的倾向,成为"候鸟型"异地养老中最大的一支力量。但是此群体集中于经济收入较高的老年人。

这三种类型是不同的人生选择，虽然第一种类型老年人数量更多，但是第二种类型显然更积极一些。第二种类型的老年人乐此不疲地从事着自己喜欢的事业，增加着家庭经济收入，对于高龄时期怎么安排，也有比较乐观的看法：

> 到时候再说。我能管我自己，我就自己管，实在不行了，孩子管。孩子没法管了，就去养老院呗。

他们没有更多的压力感和负担感，体现了积极老龄化的理念。台湾地区学者彭驾骅、彭怀真说："千万不要认为老年已朽，百无一用。事实上，老年只是从忙碌的全天工作或千头万绪的家务中退了下来，而不是从人生舞台上鞠躬下台。所以，还要随着社会变迁的脉络，坚强地成长，不断学习，多方参与及积极接纳人生，才能达到享受老年的目标。"[①] 作家曲兰

---

① 彭驾骅，彭怀真. 老年学概论 [M]. 新北：威仕曼文化事业股份有限公司出版社，2014：115.

说:"一个人,你或许可以不煞费心机地为青年时期筹划,或许可以不煞费心机地为中年时期筹划。……但是,你一定要为你的老年筹划,因为老年不仅漫长,而且一直是丧失期,因此,筹划得越早越好!"①

二、老年生活的心态

一般来说从退休到完全丧失劳动能力的这一段时间里,老年人的生活不仅能完全自理,而且还能帮子女带带孩子,解除他们的后顾之忧,因而老年人这一阶段享有更多的自主权,同子女的关系也比较融洽。同时,由于老年人社会经验丰富,能很精明地安排自己的生活。在度过退休后最初的一段不适应期后,一般会生活得很轻松;没有了工作和孩子的拖累,如果身体再比较健康的话,这一段可以算是人生的黄金时期。但是伴随着时间的变化,老年人的身体开始衰弱,参与社会活动力不从心,管理自身生活也逐渐变得十分费力。那么老年人该保持怎样的生活态度呢?

---

① 曲兰. 老年悲歌:来自父母的生存报告 [J]. 北京文学,2003(6):15.

杨绛先生在《善待自己的暮年》一文中说：

花开花谢，潮起潮落，不经意间我们正走向人生的暮年。从呱呱坠地到两鬓染霜，岁月的行囊里装满了酸甜苦辣。接下来，在夕阳的路上能走多远，取决于我们的体魄和心态。在曾经的岁月里，每个人都会有大小不一的光环，但这光环已是"过去式"。当光环退去，谁都是一介布衣。

不要满怀焦灼期待子女常回家看看。子女们有各自的生活和事业，他们像永不停歇的陀螺一样，上有老下有小，"老"是"夕阳"，"小"是"朝阳"。"朝阳"总比"夕阳"更令人关注和憧憬，这是动物繁衍生息的法则，是规律，谁也不能违背。

人生，夫妻也好，父母子女也罢，不管是怎样的水乳交融、心心相系，每个人都是生命的独立个体，因此，我们要学会在孤独的时候给自己安慰，在寂寞的时候给自己温暖。老要有老的风骨，老要有老的优雅，正如春华秋实，四季轮回，各有风采。

暮年是美好生活的开始，是一种从容、恬阔、悠哉游哉的状态。

杨绛先生的话给予我们的启发是：无论情况多么糟糕，老年人始终应当持有积极乐观的心态，发挥自己的经验、优势和潜能，按照自己的能力、需求、爱好，积极参与社会活动；无论处于何种情况下，都不放弃积极、乐观的心态，努力依靠自身和周围的社会关系处理事务，实现真正的"老得从容，老得优雅"。

值得注意的是：老年生活十分漫长，变化随时发生。有些秉持着积极进取的人生态度的老年人，退休后又找了一份工作，挣钱也很多，但是后来生病了，治病花去的钱比挣到的钱都多，那就需要按照自己的实际情况选择，改变原有的生活模式。当外部环境突然发生变化时，心态会发挥长久的影响。正如民间所言："你自己不垮，谁都不能把你打垮。"

有位96岁闲不住的老人，一月领着一万多元的退休金，也还在捡拾废品。别人问他为什么，他说：

"和钱没有关系,不愿意闲着,找不到别的工作,就捡点废品。"这就是一种人生态度。这种人生态度支撑着他以苦为甜的生活。当然,每个人对衰老的适应过程不同,有的老年人身体状况不行,即使刚到退休,也需要适当静养。老年期的正确心态就是无论在什么情况下,都能从容快乐地生活。

那么,漫长的老年期究竟该怎样过呢?

三、老年生活的自律支撑

(一)认知自律

无论什么样的生活态度,也无论活动、撤离还是延续,老年生活的基本支撑是自律。自律,几乎是老年人的幸福密码。但是自律又是非常难以做到的。有的老年人明知要早睡,却忍不住熬夜追剧;明知酗酒伤肝,却挡不住劝酒的人;明知吸烟有害健康,却忍不住每天要抽几支;明知锻炼对健康有益,却一步都懒得走……很多老年人并不缺少健康常识,缺少的是自律。通俗点说,就是管不住自己,任性,想干什么就干什么,那会带来什么呢?

2013年，一位做了一辈子地质工作、身体非常硬朗的66岁的男性老人学会了网络游戏，他的生活状况变为：上午打游戏三小时，下午打游戏三小时。看上去这位老人生活得很规律，但是，久坐、玩网络游戏、看电视，这些不合理的生活方式集中到了一起，显然是有问题的。果然，这位老人身体状况急转直下，2017年因突发脑梗死住进医院。2020年，他已经进入昼夜不分、吃喝无法自理的状态了。基本状况如下。

（1）走不了路，需要依赖助行器，才能勉强挪到客厅里。

（2）吃不了饭，需要他人一勺子一勺子地喂饭。

（3）睡眠颠倒，晚上不睡觉，早上不起床。

（4）大小便失禁，需要接尿，定时到厕所打"开塞露"排便。

最让家人受不了的是睡眠模式的改变，老伴描述：

> 从下午7点，一觉睡到晚上12点，半夜就和换了一个人一样，精神得很。逮住什么吃什么，葡萄不洗也吃了。吃完以后，就坐在客厅桌

子边上，用手指头敲桌子，5个指头还敲得有节奏。要不就自己打开音乐盒子，将屋里的人都吵醒。反正他不睡觉，我们也别想睡觉。

在长期的照料中，家人已经被折磨得失去了耐心。他本人浑然不知，兀自依照自己的方式过着日子。

这个案例并不是个例，许多患阿尔茨海默病（俗称"老年痴呆症"）的人具有同样的性格特点：任性。一旦得了这个病，家里人都要耐心扶着他"走"。要不，他会成为全家人的负担。

（二）习得自律

面对管不住自己的老年人，家人应尽到义务，协助老年人培养自律习惯。有一位名叫杜雪花的老人，特别爱做美食，品尝美食，但不爱运动。退休短短几年，她的体重由原来的55公斤飙升至75公斤。血压升高到90~140毫米汞柱。医生建议一定要健康饮食、多运动。自此，杜雪花制订了健康计划：早晚运动，少吃多动，饮食清淡。刚开始，她还能坚持，可由于肥胖，一走路就喘，坚持不到半月就想放弃。看到母亲不遵守健康计划,健康状况没有好转,女儿焦虑得夜不能寐。于是,已经结婚成家的女儿干脆带着丈夫和孩子住到了母亲家,每天督促母亲运动、监督母亲饮食。由于白天要上班,只能晚上督促母亲,成效不大。后来,女儿每天中午回家吃饭,这样一日三餐都跟母亲一起吃。晚上陪母亲一起运动,刚开始,每天走20分钟,后来增加到30分钟,慢慢到1小时。每周女儿还会陪母亲骑行一次。两年后,母亲体重降到了60公斤。血压控制住了,女儿也不那么焦虑了。关键是杜雪花养成了锻炼身体的好习惯,一天不锻炼都难受,以后的健康就有了保障。

每个人都是自己健康的第一责任人,老年人也要认识到自律的重要性,克服惰性,管住嘴、迈开腿、听医嘱。养成习惯开始都很难,不妨先设定一个具体目标。以健身为例,老年人需要把目标具体化,可以分成无数个小目标,每天仰卧起坐20个,体操15分钟,杠铃40下,然后一个个完成,每天督促自己。设定目标时首先问自己:无论遇到多少困难,你都愿意坚持吗?目标定好后,让家人、朋友监督自己,或通过填表格等形式监督自己履行承诺。同时,老年人也要找出自己的"软肋",事先做好应对措施。例如,有爱打麻将的老年人,别人邀约时,去还是不去?自控力弱的人一定要选"无一例外"模式,即任何时候、任何场合都不再去了。每次都直接拒绝对方,慢慢地就不再有人邀约了。完成每个任务都要庆祝一下,作为一种达到目标的仪式,也是对所付出努力的一种自我肯定。长期坚持,必有所成。

▲越自律,越健康

(三)坚持自律

许多百岁老年人从年轻时就养成了规律的生活习惯:早睡早起,睡眠时间充足,坚持适量的劳动,勤动脑，多动手，生活勤俭，饮食清淡，心理平衡。

已经退休5年的马奶奶是自律的表率。每天21点睡觉，次日6点半起床，对照便笺上的每日计划去行动；每餐七分饱，果蔬永远多于主食；少食多餐，吃饭细嚼慢咽，对身体有害的东西坚决不吃，对身体有益的事情坚决执行。马奶奶自己说：

> 我们这个岁数的人，小时候都吃过苦，所以现在生活水平提高了，我们应该更加爱惜自己的身体、珍惜来之不易的幸福。现在退休了，也不能放任，生活中仍要自律，要为孩子们做好表率。

马奶奶的生活方式非常健康，她的基本生活日程是这样的：

6：00，醒来，按摩全身30分钟，然后起床；

6：30~7：40，公园锻炼；

8：00，吃饭，饭后小睡，起来吃一把坚果，收拾家务；

10：00~11：00，读书、看报纸或看电视；

12：00~13：00，吃饭，饭后小睡；

15：00~17：00，外出唱歌、舞蹈；

19：00，泡脚；

21：00，睡觉。

这样的生活习惯坚持了几十年，可能有人会觉得刻板、不自由。但是这位老人已经88岁了，仍然能帮助自己的儿女，这是多么美好的一幕。每一个老人都希望自己老了之后能自理，不拖累别人，那么从自律开始，你同样能做到。家属也应该观察老人，监督老人自律，关爱老人，要为他筹划良好的晚年生活，与其生病之后努力护理，不如提早进行健康管理。老年人拥有更多健康，家庭就拥有更多幸福。

第二节 找到老年生活的支点

人到老年，特别容易产生无意义感和无价值感。找到老年生活的支点，也就是老年期喜欢做的事情，退休生活才能充满意义。反之，持有"辛苦了一辈子，退休后就享受生活，啥也不想了"观点的老年人，整日在"吃、睡、坐"中度过，日复一日，会产生枯燥无聊的感觉,身体和心理迅速衰退。所以,在老年期找到支点,围绕支点安排自己的生活,才能让老年期成为一个自然、成长、快乐的时期。

一、老年生活目标的构建

(一) 设立目标是老年生活的第一步

人到老年就如同一只在海上漂游的船,如果没有目标,就丧失了生活的意义。要么一天到晚忙着做饭带孙辈,要么在家看电视,要么坐在墙根下发呆,要么和邻居亲友打麻将,看似有事,内心却不充实。所以,设立目标是老年人晚年生活管理的第一步。"美国芝加哥拉什大学医学中心研究发现,生活中有很强目标的老年人,患大面积脑梗死的可能性低44%。日本也有研究发现,有目标且积极付诸实践的老年人,早亡风险比其他人低50%"。[①] 那么目标从何而来呢?

有的老年人内心本来就对某件事有强烈的渴望。例如,69岁的太极拳高手王师傅年轻时开车到河南,

---

① 楚超. 有生活目标的老年人早亡风险较低 [J]. 家庭医药·快乐养生, 2018 (8): 71.

看到村里老老小小都在打太极拳，心里非常渴慕，心想"啥时候，我也能学会这个"。当时就买了两本书，一本是陈氏太极拳，一本是杨氏太极拳。退休之后，身体也不好，于是到公园练习，现在成了某太极站的负责人。有的老年人在工作时就琢磨着将来干个啥。例如，吴女士退休前是某花丝镶嵌厂的设计师，退休后，她创立了自己的工作室，有机会把自己的设计理念发挥出来，感觉很幸福。有的老年人设定目标纯属偶然。例如，杨女士偶然去公园里，看到老人们在抖空竹，上去试了一下，发现自己还挺容易上手，于是买了空竹开始学习。从低难度开始，一直练到高难度的"腰缠玉带"，非常开心，学习过程中结识了许多新朋友，老年生活有趣多了。

（二）选择合适的目标

"人到60岁才活出自我"。老年人的生活目标与年轻人不一样，青壮年时期需要工作，养家糊口，选择目标功利性较强。老年时期，可以按照自己的喜好选择目标，喜欢什么就做什么。许多老年人在晚年的时候想起自己青年时期埋藏在心底的愿望，义无反顾

第一章 老年期的思想准备

▲有目标，生活才有意义

地开始了追逐梦想的过程。例如，酷爱艺术的工程师退休之后拿起了相机，自学摄影，发表了许多作品；公务缠身的公务员，退休后开始收藏，成为某一领域的专家。他们选择的目标与自己内心的渴望相吻合。当然，老年时期的目标多种多样，老年人可以根据自身的爱好、兴趣，规划自己的生活目标。

同时，老年人设定生活目标要注意以下几点。

第一，结合自己的实际情况与喜好。王教授退休之后报了一个中医班，开始学习中医，不为别的，只为给自己和家人调理身体，把兴趣当成了自己的目标。李医生在职时因工作繁忙没有时间旅游，退休之后，设定了一个旅行计划，先从周边的旅游景点开始，走遍全国。热心肠的老杨参加了社区志愿者团队，帮助有需要的人排忧解难。这些人的目标都与经济条件相匹配，与爱好相吻合。如果家里经济窘迫，还非要旅游，进而背负经济压力，效果适得其反。

第二，阶段性设定目标。老年人的生活目标不宜太大或太笼统，最好简单而具体，可操作性强。例如，老汪喜欢写作，希望晚年成为一名作家，每天辛辛苦苦写稿子，写了20万字，结果没有地方发表，自己丧失了兴趣。老汪不妨把目标定为力争刊出短文。从写文章开始，逐步落实编书、联系出版社等事宜。这样的计划既有挑战性，又具有可操作性。至于自己能不能成为作家，就交给别人去评价，自己只要享受写作带来的乐趣即可。

第三，尊重内心的感受。晚年生活是最随心所欲的一段时光，但有的老年人特别担心他人的感受。想跳广场舞，担心跳得不好，被别人笑话，于是不跳了；在太极拳站点外面转了好几圈，却鼓不起勇气进去练练。这些老年人常常压抑自己内心的感受，活在他人的目光里。老年人应大胆追求，愿意去模特队，愿意练钢管舞,愿意练健美,都可以,只要大胆地做自己愿意做的事情,就能把自己的日子过成"一道风景"。

老年期的目标从老年人自身内部出发,找到了内在的需求,就找到了生活的支点。但是如果目标选择不当,也会带来灾难。例如,一位妇女喜爱美容,家里经济条件很好,于是到处寻找美容产品来使用,尽管61岁的人保养得看上去像40岁,但是过分的养颜走到了另一个极端,她听信了"喝精油可以美容"的说法,口服精油,后来不慎患上癌症,受尽疼痛折磨。老年人走错了方向,带来的可能是灾难。

尽管老了,对于我们而言,可以多一分任性,回到孩童的天真,享受玩耍的快乐,但追寻生命的意义,使生命之树长青,亦是老年期的另一任务。年轻时,干好本职工作是目标;有了孩子,给他们创造良好的生活环境是目标;退休了,找寻感兴趣的事情,找到自己的兴趣点,使兴趣点成为老年期的支点是目标。有目标,是老年期成长成熟的一个标志。

(三) 追逐目标

晚年时期追逐目标与青年时期不同。青年时期竭尽全力，以达到目标。老年期却不可过于用力，目标只是一个前进的方向，盯着目标慢慢走就可以了。也许每天只20分钟、半小时，或者半天，长期坚持，日积月累必然有所收获。应该以让自己高兴、实现自我价值为主，没有必要给自己太大的压力。就如同海边玩耍的孩子，偶然间，捡拾到一些精美的贝壳，内心特别欢喜。没有了年轻时代的功利性，没有了压力，不必在意旁人怎么看，追逐目标的过程也就是生活的过程，边走边玩。

康德曾说过：老年时像青年一样高高兴兴吧，青年人好比百灵鸟，有他的晨歌，老年人好比夜莺，有自己的夜曲。有一首诗歌《变老的时候，一定要变好》中写道：

> 变老的时候，一定要心平气和，不要唉声叹气，不要忐忑不安；淡定从容，平平静静，用乐观的心态度过余生。

老年期生活有目标，有意义，独立而有尊严，才能生活得更好。

二、老年生活意义的建构

意义伴随着目标而来,寻找老年生活的目标,也就建构了老年生活的意义。这一代老年人都熟悉高尔基的著作《钢铁是怎样炼成的》,这部小说的主人公保尔·柯察金说过一段话:"人最宝贵的是生命,生命每个人只有一次,人的一生应该这样度过:当他回首往事的时候,不因虚度年华而悔恨,也不因碌碌无为而羞愧。这样,在临死的时候他就能够说:我的整个生命和全部精力,都献给了世界上最壮丽的事业——为人类的解放而斗争。"尽管随着时代变迁,这些归属于革命时代的经典语录已经不怎么被提起,但是其对人生意义的诠释仍然让人深思。

假如你的生命是为他人的、为社会的,你便不会孤苦伶仃地自怨自艾,你在积极地追寻着生命的意义。假如你的生命是为自己的,你就容易陷入个人的泥潭中,无法自拔,总觉得自己一辈子委屈,孩子欠着自己的,老伴欠着自己的,经常暗自神伤,觉得委屈、悲戚。这两种老年人哪一种更好呢?

(一) 积极追寻生命意义的老年人

老张是一位科研工作者，退休之后来到儿子所在的城市，将自己的生活过成了崭新的模样。

> 我呀，到了北京以后，发现我们的阳台后面有一块地，就把它开发出来了。把石头块都运走，拎过来新土填上。到了冬天的时候，我就在地里沤肥。到了春天的时候，种上石榴，结了果，我送给周围的朋友们，那是无公害的呀！结的石榴那么大，真好看，也真好吃。我还种着洋姜，长出一大片，收获了一大袋子，一冬天都够吃了。我还种着葫芦，架子上结着一百多个葫芦呢。秋天收获了，我就自己动手，买烙铁，给葫芦烙上画，做成工艺品，送给别人。我还做了手钏，那都是捡了山上的野桃子，弄出内核来，然后打上眼，穿成串。打不上眼的，还可以做成枕头呢。我们那个小区呀，还有唱歌会，每个月每人轮流坐一回庄，请大家一起吃吃饭、唱唱歌、聊聊天，也是找开心呢。

这位老人不断寻找着新鲜的事情做，填补着自己的空闲时间，让生活忙碌而快乐。可以观察到，他虽然已经80岁了，但是生活有奔头，有事情做，身体功能很好。反之，一位提前退休，年纪还不到60岁的女士，由于经济条件很好，丈夫挣钱多，儿子去了国外，每天自己一个人在家，孤单、寂寞，身体很快就溃败下来。先是贫血，后是骨折，然后心脏又出了问题。

所以无论年龄多大，都应该找到事情做，保持适度的紧张与忙碌。80岁的退休车间主任安芬老人说：

> 退休后，虽然不用工作了，但我也会时时刻刻有大计划和小安排，合理规划时间，提高自身的能力，保持良好的心境，精神有所寄托。在读书看报中与时代同步，写点读后感，回忆一些往事。和知心的朋友聊聊，倾吐心声，始终让自己有一颗积极向上的、不老的童心。追求自己喜欢的事情，顺应内心，生活就不再是一日三餐的琐碎枯燥。①

---

① 王安芬. 珍惜好日子［N］. 太原晚报，2013-12-19。

人生的意义就是这样，在希望中生活，哪怕再小的一个希望，都会带给人行动的动力，进而与孤独"分手"。有的人一直延续着自己的工作，即使退休了也仍然忙碌，不知老之将至。有的人找到了自己的爱好，在琴、棋、书、画或者诗、茶、酒中寻找人生的乐趣。还有的老年人以公益为自己的生活意义，每天做好事，助人为乐。就如一位78岁的志愿者身披彩条坐在会议大厅的椅子上，旁人询问他在忙什么，他说："帮助人啊，我没有时间，一直很忙碌。"他脸上的笑容像春天的花儿一般灿烂。有的人认为"将自己保养好，努力延缓老化过程，有尊严地离开这个世界"，就是自己的奋斗目标，每天乐此不疲地锻炼身体，有时间了给孩子们做一些拿手的饭菜。这也是找到了人生的意义。

老年人一旦把自己同社会联系起来，老年期便没有那么悲凉。找到老年期愿意做的事情，更多地关心别人，积极向上、乐观进取，其心情将是愉快舒畅的，胸怀将是豁达宽广的。身患抑郁症的70多岁的吴先生在疾病治愈之后，被侄女问了一个问题："叔啊，你病的时候有没有想过死。"吴先生脱口而出：

"想过。可是我不行,你婶子没有工资,我病着,她伺候着我,也就这么过着。我要走了,她咋办?想到这,我就不能走。"侄女其实也被抑郁症纠缠着,难以摆脱,听闻此语,想想孩子、老公,开始服药,治疗疾病。所以,看起来"我活着有什么意义"是一个宏大的话题,但是它却和老年人息息相关,当老年人面对病痛的折磨、亲友的离去、形单影只的时候,把目光放到窗外,看看对于社会还能做什么,就会摆脱这些忧伤,重新拾起生活的信心。

(二) 缺乏生活意义的老年人

终日将自己禁锢在室内,百无聊赖,吃零食,看电视。唯一的事情是"准备一日三餐,整理家务",日子过得周而复始。要么怪子女不来探望,要么怪另一半不够体贴。一位82岁的老太太唉声叹气地对儿子说:"我们这辈人真不容易。年轻时候挨饿,有时候连口糊糊都喝不上。好不容易养大了你们(孩子),你们又不管我们。"此时,三个儿子给父母雇了保姆,平摊了医药费。老太太还嫌弃儿子们跑了(到外地工作),没有在眼前尽孝。儿子们十分无奈,无法解释老母亲为什么这么闹腾。

有的老年人退休之后,就开始与家里人闹别扭,总是看家里人不顺眼,不是嫌挣钱少了,就是嫌干活不行。一位刚退休下来62岁的老先生说:

> 我现在一切都好,就是老婆闹得我不安生。她现在看我就不顺眼,什么"嫁错人了",什么"干不了活了",啥都要抱怨。比方说我把饭做了,碗洗了,然后,她就会嫌我:"咋不把锅台抹了?"我说:"我都干了这么多了,你不能把锅台抹了?"她就生气了。她还不能撑,撑她一次,她就不吃饭了,也睡不着觉了。哭哭啼啼的,没法活了。所以我现在就躲她了。我这次来这里看孩子就是一个人来的,让她一个人待着。要回了家,我就住在我妈那里,不想回去。我在长治够可以了,我干的买卖,比一般人挣钱多。她嫌我挣钱少,好了,10万块钱拍过去,可以了吧?好了两天半,第三天又不行了。嫌我干活不行?我做饭洗碗基本都包了,干的也够多的了吧?她不管你,反正总是嫌你这不行,那不行,

嫌得莫名其妙。

禁锢在自我圈子里，与别人一比较，总觉得自己委屈，就派生出了人生的一种新活法：没事找事。这就是"家闹症"，闹得鸡犬不宁、家庭不和。实际上是整个老年期没有找到自己需要做的事情，无所事事。夫妻双方要共同寻找，鼓励对方到外面去，找到自己的兴趣点，每天忙忙碌碌，就顾不上在家闹腾了。

▲自我是一个笼子，锁住了自己

还有一种疑病症：总想着自己哪儿不舒服了，控制不住地去看医生。一位女儿描述自己78岁的母亲：

我妈现在就是疑心病，身体没什么毛病，就

是被我爸过世（胃癌）吓得。我们问她咋了，她也说不出个啥，然后说"吃饭打嗝"，就到医院看了，拍了片子，显示没有问题。人家给开了点助消化的药回来了。过一段时间，又说"眼睛看不清楚，这是白内障"。然后，自己买了点药用上了，不管用，我们领她去看，也不是白内障。医生说："快别乱点药了。"又过一段时间，怀疑自己是不是肺上有病了，老太太自己拿上医保卡就去拍片子了，也显示没有病。后来，她半夜摔倒一次，就怀疑自己骨折了，那就领着过去看医生吧。住了院，从里到外，从上到下地检查一顿，结果啥毛病没有。她还问了："我这就没有点啥毛病？"我说："你想有啥？你还想检查出来点啥？"老太太主要是没事干，闲得无聊。

这种退休之后将关注的焦点放在了自己的身上，没完没了地折腾孩子的人，也是没有找到有意义的事情，产生了心理疾病，治疗的同时要配合生活方式的改善，重新建构自己的生活目标。

有人说：老年生活的幸福最起码要包括三个因

素：第一是经济相对富裕；第二是个人的社会化程度高；第三是健康。但三者俱全的人并不多，而且富裕也是一种相对的比较。老年生活的幸福在于内在的体验。有时候很富足的人不一定感受到幸福，而物质条件艰苦的老年人不一定没有幸福感。当一个人进入老年期，走出自我，淡化比较，在更高的维度看待周围的人和事，就会从自怨自艾中摆脱出来，获得自身的满足感。

三、老年社会关系的处理

一般而言，每个人都有三个社交圈：家庭是第一社交圈；同学同事、亲朋好友是第二社交圈；泛泛之交是第三社交圈。对老年人来讲，从工作岗位退下来后回归家庭，第一社交圈交往频率提高；第二社交圈对象由同事转变为邻里、亲朋好友；第三社交圈则要视老年人的健康状况、兴趣喜好的差异而定。伴随着失能程度的加深，老年人的社交圈子缩小，但是相对稳定，"交往的始终在交往，不交往的就断了联系了"。如果遭遇"丧偶""子女都在外地"等问题，家庭这个第一社交圈也在萎缩，老年人就成为"孤岛"一样的人，与社会隔绝，难以获得社会支持。从社会学的视角来看，老年人应该更多地从第二、第三社交圈结识朋友，沟通思想，让自己活在一群人中间。

（一）邻里社交圈的构建

居住在老旧社区的人，邻里关系密切。同单元上下邻里互助，易于得到关心和爱护。假使一位老年人生病，同院子的老年人可以协助照料，老年人的幸福感就强。但是伴随着拆迁和城市建设，不少老年人来到了陌生的社区居住，邻里均为陌生人。这样，邻里社交圈的构建就成为一个新课题。有位女儿写她的母亲从老家来到城市之后，将自己带来的土特产送给邻居。平常楼道里见到邻居主动打招呼问候，自己家里做了小点心也拿给邻居尝尝。到母亲返乡的时候，楼道里、上下楼的邻居已经非常熟悉了。母亲以自己的热心凝聚周边邻居，逐渐相互熟悉，在一个陌生人的社会建立了熟人圈子。当然也有不擅于社交的老年人，特别是"老漂族"，跟随儿女来到陌生的城市，一个人也不认识，非常不适应。这个时候以自己的爱好为切入点，很容易就能找到新朋友。例如，爱好广场舞的老年人很快认识了舞友，爱好太极拳的认识了拳友，爱好下棋的认识了棋友。什么爱好也没有的人，踢毽子、跳绳也能认识一些人，认识了楼下一起晒太阳的老年人。当然社区也需要组织老年人活动，协助老年人建构良好的邻里社交圈。太原市某社区组织的红歌会，就是这样的社区活动。组织者也是一位老人，他说：

> 社区的老年人有一个红歌会，参加的都是孤寡老年人，啥样的都有，拄拐棍的，坐轮椅的，只要能来，就一起唱。大家一起唱唱歌，身体也好了，精神也好了。夏天太热的时候就在树荫下面唱。上午大家晒太阳，就在公园里面唱。我们社区有个范老师，她是专业的。我就动员她："你有能力，又识谱子，把咱们这些老年人叫到一起，唱唱歌。"我呢，就提供一些歌谱什么的。我们唱歌呀，和电视上那些不一样。我们就会些老歌，新的不会。一人一首歌，有的唱个《东方红》，有的唱段戏，有的说上一段老家的碗碗腔。我们聚

到一起，还分享一些吃的，这个人的孙子给寄了啥了，一人给上一块；那个人的姑娘给送过来啥了，一人给上一点。分着吃一点，都新鲜，这就快乐了。逢年过节，我又鼓动着他们排练节目，参加社区的活动，社区给他们发上点小礼品，他们劲头更大了。以前这些老年人吧，大多坐到马路边上，又怕人家看不起，又孤独得没事情干，这回都高兴了。反正，就是让大家聚拢到一块，自娱自乐。我们快乐了，身体就好了。

类似这样的社区邻里社交圈形式还有很多，如北京市西城区广外社区建立了睦邻坊，社区每年按照每户2元的基数发给每个单元茶水钱，由单元的某一户人家每月负责组织邻里聚会一次，既融洽了邻里关系，又达到了互助的目的，对于老年人的精神健康、生理健康均有益处。

（二）兴趣爱好社交圈的构建

追寻老年人的生活习惯，可以发现有1~2个兴趣爱好的老年人生活幸福度更高。无论爱好什么，花、鸟、鱼，绘画、跳舞、唱歌、游泳等，都可由这些爱好慢慢建构起来一个社交圈子，丰富生活内容。即使仅仅只是上午出去聊聊天，"八卦"一下天下大事、身边琐事，也会形成一个社交圈子，必要时给老年人一些支撑。

当代社会，各种兴趣爱好组织，如广场舞组织、太极拳组织、唱歌组织、乐器组织等，一般都会组建微信群，信息沟通非常容易。群内，以共同的兴趣爱好为吸引力，组织参与活动，发布群活动信息；群外，定期活动，定期见面，聊聊身边的人和事，自然形成了一个社交圈子。如群聊"滨秀公园太极拳友"的群主为王师傅，创建群时，核心成员只有二十几名，每次参与比赛的有12名左右。之后，成员逐渐增多，达到40~50名，辐射社区有7~8个，年龄上到87岁，下到25岁。成员联系较为紧密，核心成员有婚丧嫁娶、共同参加比赛等活动交往。每年元旦之后还有一次团拜活动。群内发布了各种太极拳习练技法、关心和问候语、活动信息等。锻炼完之后，还会有短暂的交流，探讨技术问题，或者生活中的问题。老年人通过社交圈，每天与人接触，了解方方面面的信息，保持生活的新鲜感和趣味感。

当然，也有老年人认为："自己要关起门来过日子，找人闲聊天，有啥意思。"一位退休的设计师吴先生就是这样的人，他说：

> 我呀，锻炼挺多的，上午起来自己在家里先练一套太极拳，然后吃了饭，就下楼坐坐。到回去了以后，再艾灸一会儿。下午，做一趟"八段锦"，再泡泡脚，看看《养生堂》的节目。吃了晚饭，到晚上九点就睡觉了。我还写了一首诗：早饭要饱还要好，晚饭要少还要早；七八分饱身材好，每天泡脚睡眠好，脸带笑意容颜俏……

吴先生热衷于锻炼身体，但是他的锻炼均在家里，与老伴两个人进行，除了老伴之外，没有其他的交流对象。尽管健身项目很多，但是在他80岁的时候，还是因为腿脚不行，下不了楼了。吴先生认为，原因是刚退休的时候，走路挺长，一直走到胜利桥西。有一次走路时下雨了，赶紧回家，但风还是钻进脚心里了，之后腿就开始疼了。早期腿疼的时候没有重视，也没有治疗，结果年纪大了就不行了。观察吴先生的情况，没有社交圈的支撑不是腿疼唯一的原因，却是间接的原因，因为早期腿疼时候，没有获得及时诊治的信息，造成了他的腿部疾病。而老年人一旦腿疼就限制了自身的活动范围。所以，"家有百金，不如家有百友"，有朋友的人生，有人一起走，不孤单，不寂寞，有信息，更欢乐。

（三）老友关系的维系

老友是人生的宝贵财富，大家一起风风雨雨几十年，感情深厚。退休之后，老友经常见见面、聊聊天、唱唱歌，一起走一走、看一看。这种相聚起到了调节生活的作用，因为相聚能共享友谊，说说开心的话，做一做开心的事，相聚也让老友交换彼此的情况，规避老年期的不少风险。例如，一位老人经常头晕，自己不当回事，但老朋友却知道这可能是脑梗死的前兆，劝他去看看医生，及时就医，避免了可能发生的意外。老年期一定要经营老友关系，切莫因为退休而中断了社会联系，让自己仅仅成为居家隔离的一个老翁或者老妪。安芬老人是一位退了休的车间主任，她这样回忆她们的老友相聚：

做完家务没有了其他事情，就想着如何度过自己的晚年生活。于是联络起曾经的老同事、好朋友，特别是年轻时候一起工作、共患难的亲如姐妹的老友们，时不时小聚一下。迎泽公园游园赏花、参观晋商博物馆、动物园赶庙会，哪怕仅仅逛逛五一大楼、广场雕塑下坐坐、文庙转转也能让我们姐妹们心花怒放。老友重逢，说不完道不尽的知心话儿，简单的午餐，一碗"郝刚刚"羊肉汤就让我们如过节般的愉快。通过几次聚会，看到自家的老年人变得更加开朗热情、焕发朝气，孩子们也开始支持我们。趁着明枫的女婿在平遥搞摄影展览，我们几个游览了平遥的各个景点……生命在于运动，更在于自己打理，只要你想，没有什么做不到的。

与此相得益彰的一篇短文《老宋的故事》，讲述了一则老战友协助养老的故事：

军队离休老干部，姓宋。老伴走了多年，儿女不在身边，请一位阿姨照顾。阿姨新寡，来自

第一章 老年期的思想准备

农村。每日买菜煮饭，打扫卫生，手脚勤快，相处融洽。两年过去了，两人多少产生点儿感情。在老宋战友们的撮合下，两个半壶干脆就倒拢做了一壶。

结婚之前客客气气，言行得体，一拜堂成亲，观念大转变，"我就是你的人啦"；反之也一样，"你就是我的人啦"，原来那种客气不见了，自家人嘛。不久，那妇人对老宋不耐烦起来。

老宋80岁了，行动缓慢，老眼昏花，口角流涎，问东答西，丢三落四等。

男人最害怕什么？唠叨。那妇人从早到晚，这也不顺眼，那也不对劲，无时无刻不唠叨。老宋痛苦万分。

老宋战友闻讯前来，拿出看家本领，轮番对妇人开展政治思想工作。

"老宋是老革命，你照顾老革命，应该感到光荣和自豪啊。"妇人说："我天天都烦死，倒屎倒尿，你来光荣一下看看。""老宋身上至少有三处枪伤。""这跟我有什么关系，又不是我打的。""他是打锦州时负的伤。""那你喊他去锦州治嘛!"

老战友们做梦都没料到,世上竟有如此油盐不进的人,他们束手无策了。

还是老干部处孟科长有办法,他家在农村,眼光务实,一出马就避开虚的,尽来干货。他问那妇人:"你种过地吗?"妇人说:"农村人,哪有没种过地的?辛辛苦苦种地能挣几个钱呀?一亩地一年也就五六百块钱。"孟科长开始用教训的口气说:"我讲你就是蠢。按老宋的收入,每月一万八千元,一天收入600元,每天一睁眼就是一亩地的粮食。你这样唠叨下去,老宋若死了,这损失有多大,你算过没有?"妇人一拍大腿,豁然开朗:"什么都不用讲了,我明白了。"

从此,老宋过上了前所未有的幸福生活!

在这则故事里,尽管解决问题的是老干部处的孟科长,但发现问题的却是他的老战友。老战友的积极反映,使问题得到解决。老年关系所起到的作用恰恰就体现在这里——协助老友处理个人难以处理的问题。老朋友即使不见面,心也常常牵挂对方,问候、关怀、分享好文章，逢年过节送上真心的祝福；及时发现对方身体上的不适或者情绪的低落，及时疏解，让友情更加稳固，也让自己的生活丰富多彩。

有朋友的老年人生活在群体中，无朋友的老年人生活在孤独中。老年期的朋友已经不再有利益的纠缠，关系比较纯粹，可以享受友情带来的乐趣。老朋友隔一段时间见一次面，小聚或者旅游，未尝不是使心情放松和愉悦的好方法。

第三节　老年生活的调整与适应变化

老年期是人生的丧失期，会遇到各种各样的情况，如身体器官的老化失能、伴侣的离世、家庭的变故等，老年人要做好适应世事变化的思想准备，走出个人角色转变的不适及家庭变故的打击等境遇。面对着身体各器官组织出现的明显退行性变化，心理上能够接受，遇到打击也能够转过弯儿来。老年期老年人内心应如同参天大树一样强壮。

一、老年期的角色调适

退休环节,老年人均面临着角色的调适。在角色调适过程中,男性的难度大于女性。这是因为女性在家庭中的劳动份额较多,退休之后,回归家庭障碍较少。男性常常是一家之主,以前忙于工作,家务事干得少。退休后工作没有了,经济收入少了,家务活又不会干,回归家庭的过程中,有时会受到家人的奚落。如果男性担任领导干部,角色调整更难。某局长到了60岁,退了下来,不是领导了。过去门庭若市,求职者、盼提升者、亲朋好友等络绎不绝。现在不同了。人见了不热情了,办事情不方便了,顿时感到"人走茶凉"。在转变和适应的过程中,老年人要克服失落感,认识到社会角色的变化是必然的,如果不转变自己,就会处于被动局面。在家时间长了,就要多做家务,帮衬家里,减少家庭矛盾。要积极参与社会活动,重建价值感。或者发挥原有专长,参加一些力所能及的活动,找到兴趣,度过充实的晚年生活。

老徐就是这样一个例子。工作了一辈子的老徐接到通知,让下午到单位开会,去了以后才知道,这是

第一章 老年期的思想准备

让他们这些58岁以上的人内退。待遇保留，中层职务不用干了，当然这已经算是比较不错的安排了。老徐当场表态："新老交接是现在的趋势，咱们单位对老同志的待遇考虑得比较周到，我配合交接工作。"会议之后，从楼里出来，心中的波澜还是无法平静。回头看看工作了一辈子的办公楼，有了一种遥远的感觉。一辈子就这样"到头"了？老徐问自己，内心莫名地不安。回家以后，却不知道自己该干什么。这个时间该做饭了，但是不想做，没心思。翻出手机，找谁聊聊呢？拨通了妹妹的电话，妹妹说："你得面对现实，找个事情干，不要太闲了，你这个岁数，人家单位不用也正常，你自己找个事情干，安排自己的生活。"放下电话，老徐心想：找什么事情干呢？上班的时候路过体育馆，好像那里有个打乒乓球的培训班，看着那些人每天做操、打球，就到那儿去打球吧。跟老婆提了，老婆说："你这不挣钱了，倒花起钱了，你还不如到公园打太极拳呢。"到底干什么，一下子又没有了主张。第二天去交接工作，以后就不用多去单位了。晃了几天，老婆嫌弃，家中吵架，思前想后，他觉得还是应该找个事情做。告诉老婆自己的决定，老婆说："这么大的岁数，没啥人用了，你以后就以锻炼身体为主了。多活几年啥都有了。"这句话还算暖心。老徐走到公园里，在各个摊点转了一圈，发现了一个自己比较感兴趣的摊点，那就是合唱队。每天上午到合唱队唱一唱歌，心里畅快。老徐又联络了几个好友，看看他们退休后干什么，有的人兼职，有的人看孩子，有的人遛弯儿，老徐约好了一个老友下午一起遛弯儿。这样上午到公园唱一会儿歌，下午与老友遛会儿弯儿，同时承担了大部分家务，生活又燃起了新的希望。

老徐的适应期大概有一年的时间，逐渐形成了比较规律的生活，在家里也不吵架了，一种新的休闲生活模式建立起来。对于所有退休老年人而言，都有这样一个过程。女性老年人退休比较早，有的在家里待一段时间，然后再找兼职，干点工作，重新建立社会角色，以休闲加兼职的方式度过低龄老年期。

二、老年期的适应变化

（一）适应身体的退行性变化

老了意味着什么？意味着我们的身心都在发生变

第一章　老年期的思想准备

化。老了以后，中枢神经和周围神经都会发生变化。脑细胞减少了，脑萎缩了，容积也变少了。血流量也比青壮年减少了，所以脑功能下降了。随着年龄的增长，老年人逐渐记忆力减退，注意力不集中，失眠、容易疲劳，视力和听力也下降，这些都是神经系统功能衰老的表现。外貌也发生了变化，头发变白、变稀少，皱纹、老年斑出现，皮肤松弛，牙齿松动脱落，身高下降，体重减轻等。伴随着这些变化，以前能做到的事情，渐渐做不到了。以前能记住的事情，渐渐记不住了，这个时候别生气，这些都是衰老的正常表现，应该采取的步骤是以行动减缓身体衰老的速度，而不是以发脾气来释放自己的不满。

一位69岁因脑梗死失能的老人脾气很大。每当吃饭自己不能把勺子拿到自己跟前时，就发火了，扔了勺子说："这成了啥了？"每当尿的时候滴出来几滴，弄脏了内裤，马上要换，一点都不将就。以前自己做饭时，喜欢吃青菜，早上出去买一点新鲜的芹菜、茄子。现在老婆给做饭，如果只是咸菜，他就火了，不吃了，下楼买去。他拄着拐杖往下面走，老婆赶紧跟上，他的"讲究"，让老婆异常辛苦，每天都劳累不堪。这就是典型的因失能导致的情感淡漠、智力衰退的症状，起因是无法接受自己失能的现实，找不到应对的方法。

老年人一定要认识到：伴随着失能的来临，原有的生活方式难以维系，发脾气、制造事端、闹腾，给照顾者施加更大的压力，不但自身的疾病难以治愈，老伴也会被拖累生病。所以，因应身体的变化，应有以下措施：第一，失能之后，体谅别人照顾的艰辛，降低要求，过最简单的生活；第二，努力锻炼身体，让事情向好的方向转化，以持续的运动增加肌肉的力量，增强大脑的灵活性，抵御衰老的速度；第三，多说好话，充当照顾者心理的减压阀和减振器，增加家庭的和谐，让失能之后的生活不至于太过艰难。

（二）适应配偶离世的变化

人在老年之后，都将不得不从配偶角色转变为单身角色，除非是先走的那一个。"伴侣走了"的变故，简直痛彻心脾。多少年与伴侣一起形成的生活模式不存在了，从伴侣处获取的倾诉和安慰没有了，伴侣对自己的生活照料也成了过去。在这样的打击下，老年人要及时调整自己的情绪,适应新的变化。一位80岁的老太太在伴侣去世之后说:"他是现在走了,但要是抗美援朝的时候走了,咱还不一样得受着?这事就得来回想。"老太太劝同样是丈夫去世的同伴时说:"他走了就走了吧,咱得把自己的日子过好,他才放心呀。咱过得好,儿女也放心,别人看着也好。咱要总不开心,还指不定有啥事情呢。咱可得对自己好点。"亲人的离世需要时间去抚平创伤,尤其是由于意外突然离开,更加难以接受。如果遇到这种打击,可以先到外地散散心,免得睹物思人;找一些事情做,填补老伴走后留下的空档。一方面需要适应角色缺失之后的家务空档,以前由对方承担的一些家务事自己要承担起来;另一方面要尽快从悲伤中走出来,恢复正常的生活,以免造成新的损害。老年人建立新生活的速度越快,越容易从悲伤中走出来。

秀荣就是一位艰难地从悲伤中走出来的老人。秀荣是一位78岁的退休女教师,与同在中学的老伴感情很好。老伴生前,对于妻子的照顾无微不至,即使洗澡,也是先给放好水,拿好换洗衣服。2017年老伴患肺癌去世后,秀荣开始与儿子一家住在一起,感到诸多不便，就搬回自己家里住。起初，整日将老伴的遗像放在桌子上，时不时与老伴说几句话，或者给老伴放点可口的饭吃。情绪一直抑郁，两年后，又患了脑瘤，做了开颅手术。手术之后，秀荣老人想通了生死问题，主动到社区参与活动，义务担任了社区四点半学堂的语文老师，帮助晚归的家长照顾孩子。由于生活充实，身体也渐渐好转，虽然桌上仍然摆着丈夫的照片，但心里已经不是往日的忧愁和压抑了。这个案例说明，陷入悲伤之中不可自拔，只能让日子过得越来越糟；走出来，才能改变以往的状态，找到新的快乐。

丧偶之后选择再婚，也是调整的一种方式。不过由于传统习俗的影响及儿女的反对，一些老年人不敢走出这一步，有的甚至为了避开儿女成了"地下恋人"，这影响了老年人的生活。老年人应有勇气向传统习俗挑战，真诚地向儿女袒露自己内心的感受，耐心地与儿女沟通，取得他们的理解和支持，追求自己的幸福。

（三）适应亲人发生的重大变故

人到老年，活得久了，见得也就多了。有时不愿见，不想见，但是不得不见的事情也来了，如亲人生病、入狱、自杀、离世等。从这些打击中走出来，需要较高的心理素质。一位老母亲在自己80岁的时候，遭遇到了女儿离婚并患宫颈癌的糟心事。此时，她的老伴去世，她孤身一人，但她非常坚强，对女儿说：有病咱就看，妈跟你一起。老母亲每天打车陪女儿看病，送女儿化疗，回来后又千方百计地给女儿做好吃的东西。女儿化疗反应，一吃就吐，一点油腥都不能闻。她每天做水煮菜，调出料汁，哄着女儿吃。女儿头发掉落，了无生气。她翻出以前的照片，讲过去的故事，指着那些照片说："你看，你多漂亮，我等着你好了，再穿上这些衣服去照相，多美呀。"女儿病好之后，感慨说："支撑我活下来的，就是妈妈讲的故事和给我看的照片。妈妈给了我两次生命。"

另一位80岁的老母亲从电视上得知了自己一直喜欢并引以为自豪的小儿子被判刑了。老母亲找来大儿子问清情况，没有生气，没有谩骂，更没有长吁短叹，而是安排让孩子们带自己到监狱去探望。当见到小儿子的一瞬间，儿子泣不成声，老母亲却关爱地询问："能吃饱吗？"对儿子说："好好改造，妈等你。"

她知道现在自己是儿子的主心骨，自己不能垮。

一对75岁的老两口，很久不见自己的二儿子回来看望，心里奇怪。打电话，电话不通，传过来"手机已经关机"的回答。问儿媳，儿媳说："不知道在哪里，是不是去出差了。"问女儿，女儿也说去出差了。大约过了两个月，到过年的时候了，还是没有二儿子的消息。老两口生气了，打电话将大儿子叫回来，问："你说，到底咋了？"大儿子哄着老两口说："好像欠了人家的债，躲债去了，不知道到了哪儿。"又过了一年，老两口找遍了能找的地方，还不见二儿子的时候，心里已经有了大概判断，就对大儿子说："你说吧，我们受得住，他到底是坐了监狱，还是走了绝路，总得知道呀。"大儿子无奈之下，说出了实情，二儿子患有抑郁症，一年前自杀，后事已经办完了。老两口听了，沉默了一阵，说："咱去河边看看吧。"到了河边，撒了一束花，算是祭奠亡灵。老两口说："这件事我们知道了，就算是过去了，以后再不要提他了。"

每一个人的心理素质不一样，有的人脆弱，有的人坚强，但到了老年期，再大的风风雨雨也得顶起来，因为你是长者，是一个家的支撑。

三、老年期的规律生活

离退休的初期是老年人生活方式建构的关键期，老年人要有意识地形成稳定而规律的生活。世界卫生组织倡导"健康生活方式有四大基石，即合理膳食、适量运动、戒烟限酒、心理平衡"。老年人应从这几个方面入手，培养自己的健康生活习惯。

（一）杜绝不良生活习惯

不良生活习惯包括无节制地打麻将、玩扑克牌、看电视、抽烟喝酒、嗜好肥甘厚味等，这些习惯如慢性自杀一般，逐渐导致疾病丛生，生活质量低下。

某女性老人无事，迷上了"韩剧"。长时间追剧，轻则几十集，重则一百余集。看电视不过瘾，让儿子给买了一个平板电脑，每天抱着看十几集电视剧，半年以后，眼睛充血，视物模糊。到医院检查，确诊患上了青光眼，做了眼睛手术。医生叮嘱出院以后，不可多看电视，要多活动。但她出院后无法约束自己，故态复发，继续看电视。一年后又做了第二次青光眼手术。术后，儿子将平板电脑收走，她无所事事，又开始在电脑上看电视，不久后做了第三次青光眼手术。两年之内做了三次手术，医生说，如果再不注意，眼睛就瞎了。至此，电脑、电视就都不准多看，老伴负责监督。她开始到社区里学习布艺，找到了事情做，才戒掉了不良习惯，过上正常的生活。

某男性老人，从退休之后，每天到麻将馆，从中午开始打麻将，一直打到傍晚。有时候不回家，就在麻将馆吃晚饭，晚上继续打，打到后半夜。连续七八个小时，甚至十几个小时坐在那儿，几年之后，腰痛不已，到医院去看，发现得了腰椎间盘突出症。走路直不起腰来，腿疼，稍微重一点的东西拎不了，家务活也干不了，成了一个需要被照顾的病人。

这些都是不良生活习惯造成的疾病，改变不良生活习惯需要认清它的危害，以坚强的毅力控制自己。

(二) 适量运动

多数老年人都知道运动的重要性，但是怎样把握适量的度，不太清楚。有的老年人早上起来，在公园里转了两圈，就觉得运动过了，不需要再运动了，显然运动量不足。有的老年人一天两万步,在发现腿疼之后,才察觉运动过量,但为时已晚。过量运动的危害不止于此。一位老人热爱游泳,办了卡,每天坚持游泳1000米。有一天感觉体力还好,就加游了2圈。游完之后,觉得有点疲劳,就和同去的人一同坐车回家。回家之后,取报纸的过程中,扶着报纸箱就蹲下起不来了。人们发现并将其送往医院时,已经回天无力,他突发心肌梗死,一次过量的运动断送了自己的生命。

老年人气血已经虚弱,运动时需要把握运动量。早上增加了打球的运动量,下午可以适当减少其他运动量,以运动后不感到疲劳为衡量标准。所有消耗体能的运动,如爬山、游泳、骑车等都应该循序渐进,把握平衡,一旦过劳,很容易引起心脏问题。适当的运动量表现为:运动之后,微微出汗,血液流动速度加快,但不至于过于疲劳。

生活中老年人一定要做自己应该做的事情,而不是只做自己喜欢做的事情。喜欢下棋就整日下棋,不喜欢做家务就不做家务,会导致家庭矛盾的发生。正确的态度是无论喜欢不喜欢,做自己该做的事情。如北京一零一中学的陈司寇老师在89岁时说:

我坚持生活自理，至今自己买菜、做饭、洗碗、散步、洗小件内衣。我当然也累，也不方便，完全可以让保姆为我做。但是只要一开始不做，以后就再也做不了了。我不到万不得已就不开这个头。这样我一直坚持到现在，还是如此。①

这样的态度既方便了别人，也活动了自己。陈老师以自己的所作所为展示了老年期自力更生的风貌。

(三) 作息规律

老年人身体机能已经衰退，规律的作息是对身体最好的维护。定时起床、饮食、运动、阅览书籍、收听新闻，可以起到良好的保健作用。反之，作息不规律，即使身体很好的老年人，也会逐渐走向衰退。

现年86岁的朱清老人一直过着规律的生活。她在50多岁的时候，身体非常差，曾经瘦得只剩下70斤，经常吐血，儿女都觉得她快不行了。后来碰上一

---

① 曹培. 陈老师的最后一课：如何面对老年、疾病与死亡[EB/OL]. (2017-10-22) [2020-10-12]. http://blog.sina.com.cn/s/blog_5846b2950102xazq.html.

个邻居,问:"咋这么瘦呢?"朱清说是胃病。邻居说:"我有一个偏方,是晋城一个大夫开的,你试试?我舅妈就是人家给治好的。"朱清一听,赶紧让女儿联系大夫,给开了药。吃了这一副药就好了。然后,朱清遵医嘱,吃东西非常注意,按照大夫的嘱咐安排生活。好些习惯坚持了几十年。一是按摩,只要坐在哪儿,没有事,就按摩耳朵、手指头、腰背,晚上临睡前按摩腹部,从不间断;二是出去遛弯儿,每天早上、下午都要出去转一圈儿;三是按时喝茶吃坚果,午休后,起来喝一壶红茶,之后再吃一把坚果,主要是瓜子、核桃、杏仁什么的;四是晚上饭后泡脚,倒上一茶壶开水,兑上凉水,泡上40分钟,泡完了以后,揉涌泉穴。朱清老人最大的优点就是能坚持,到现在86岁了,依然生活自理,早上自己做饭,中午儿子做啥吃啥。她不挑食,也从不累人。

稳定而规律的生活可以改变一个人的身体状况。在新疆有一个长寿村,村民单纯质朴,过着非常规律的生活。当地老年人的饮食可谓缺乏营养,但是老人们非常长寿,因为他们过着非常规律的生活。日出而作,日落而息,作息规律,内心平静而安定,这就是长寿的秘方。

(四) 心态平和

心态平和的关键在于自我调节和控制。老年人遇到不如意的事情要能想得开。陈司寇老人说:

> 现在很多老年人想问题只从自己出发,想来想去总觉得别人对不住自己。或是领导对不住自己,或是同事对不住自己,或是儿女对自己照顾不周,特别是儿媳妇又如何亏欠了自己。内心总是不愉快。这又何必呢?要想得开,就一定要放下自我,换位思考。①

老年人遇到难以处理的事情,尽量与儿女诉说。如果感觉自己年龄大了,孩子们回家会打乱原有生活秩序,就要与儿女商量解决的办法,或者自己去儿女家里,或者和儿女商量好来的时间,而不是闷在心里,手忙脚乱地应对,导致焦虑抑郁等问题发生。

---

① 曹培. 陈老师的最后一课:如何面对老年、疾病与死亡[EB/OL]. (2017-10-22) [2020-10-12]. http://blog.sina.com.cn/s/blog_5846b2950102xazq.html.

第一章　老年期的思想准备

80岁的江妈妈雇用了61岁的保姆伺候着。江妈妈感觉到儿女来家里吃饭已经照顾不了了，就告诉儿女："我呢，年龄大了，你们过来了，我也不能给你们做饭了，你阿姨也不能做那么多人的饭，你们有空就过来坐坐，完了你们就回去吃饭吧。有心了，就蒸个包子拿过来，让我们尝尝。其他需要的我跟你们说，不需要的，你们就不用弄了。"这位80岁的老妈妈每到攒够了1万元，就分给孩子，自己手里不留钱了。

李先生述说了这样一件事情：我的父母70多岁了，去年暑假，父母爱孙心切，我也想让他们开心，就决定把孩子给父母送过去。见到孙子，老妈开心得不得了，就投入了大量的精力，不料我还没把孩子接走，妈妈自己病倒了，我才知道她的身体实际上受不了。孙子回去几天，看看可以，时间长了，打乱他们的规律，老人很难恢复。老年人能够照顾好自己的身体，已经是子女最大的福气了。

老年人的情绪波动往往来源于子女及晚辈，由于对子女孙辈的关爱而情不自禁地担心、发愁。而这可能带来身体上的连锁反应，一旦为此生病住院就得不偿失了。所以，儿女们遇到事情，自己多担当，让老人保持内心平静，多送去好消息，报喜不报忧，才能让老人生活在一个良好的心理环境中。

老年人生活方式的建构说起来简单，做起来并不容易。适量运动、合理膳食、戒烟限酒、心理平衡需要一辈子努力遵循，克服不良习惯更是人一生中的挑战。伴随着时代的发展，老年人可以享受衣食无忧的晚年生活。但只有努力建构良好的生活方式，才能延年益寿，儿孙免于照顾病人之累。

第二章

老年期的家庭关系

第二章　老年期的家庭关系

幸福而温馨的家庭有益于老年人的身心健康。家庭关系处理融洽、上下老小一团和气，老年人内心会非常愉悦。而要建构这样的家庭，老年人要学会处理各种关系。对于老伴，关爱有加；对于子女，既关心爱护，又敢于批评教育；对于财产，既独立又擅于运用财产平衡各子女之间的关系。这样才能收获家庭的幸福和快乐。

第一节　老年期的夫妻关系

"曾经相约到永远，终点有谁知道，红颜已退白发飘，这一生还是你最好……"这是电视剧《金婚》的主题曲。在半个多世纪的岁月中，有一个人不离不弃、风雨同舟地走过，这样的婚姻非常让人感动。但是也有不少夫妻，中年时期就已经埋下了矛盾的祸根，老年期更是夫妻不和，经常吵架，以至于闹到离婚的地步。老年婚姻关系仍旧需要维系，并以达观和宽容的态度处理双方的关系，建构良好的夫妻关系。

一、用心维护夫妻关系

（一）夫妻是一个整体

有些老年人觉得老年期的夫妻不像年轻时候关系紧密，而是"他是他，我是我，他别影响我"。实际上这种想法割裂了夫妻关系，会造成很严重的后果。

有一对夫妻，丈夫 65 岁，患上了焦虑症，每天都觉得自己喘不上气，于是常常半夜跑出去透气。儿子领着父亲到医院去看病，经过检查，没有器质性病变，诊断为焦虑症，需要住院治疗。但是住院治疗需要有人陪护。儿子与母亲商量，想让母亲去陪护病人。但母亲说：不行，我早上要跳舞呢，不能去陪护。于是儿子作难，因为没有人陪护，就决定不送父亲去住院了。

这个案例中，表面上是住院无人陪护的问题，实质上是夫妻俩是否是一个整体的问题。老年夫妻容易出现的毛病就是把两个人看作两个单独的个体，"不能因为他的毛病影响我的生活"。一位老人面对老伴一直上网下棋，子女要求撤掉电脑的请求，说"我还要了解国家大事呢""我还要怎样怎样呢……",说明双方尚且不知道他的身体就是你的身体,他的病就是你的病,你如果不积极治疗,放任他的病继续发展,最后影响的是你们共同的生活。从来没有任何一个时候,夫妻之间的同呼吸共命运像老年期这样密切,维护对方就是维护自己,照料对方就是照料自己,如手心手背一样无法分开。所以不应该是"他别影响我",而应该是"我要照顾他",率领子女积极协助老伴治疗疾病,才能解除隐患,迎来更好的幸福生活。

(二) 多看优点少批评

老年期夫妻关系成为最主要的关系,而此时夫妻关系也面临着挑战。以前大家都在工作单位,相处时间相对不长,而现在整天看着的就是眼前这一个人,原来没发现的缺点暴露出来了,原来的小缺点变成了大缺点。男人粗心和女人唠叨这些毛病都会引起对方的反感。有些老年夫妻吵架比年轻时候要多,而且在吵架过程中放大了对方的缺点。

在一次钻石婚楷模颁奖典礼上,主持人问一位得奖的老太太。

  主持人：你觉得老公有缺点吗？
  老太太：多如天上繁星，数都数不清！
  主持人：那你老公优点多吗？
  老太太：很少，少得就像天上的太阳！
  主持人：那你为什么可以与他结婚六十年且如此恩爱？
  老太太：因为太阳一出来，星星就看不见了！

  这段对话启示老年夫妻，多看优点，少看缺点。应当承认，在现阶段进入老年期的夫妻，在以往的家庭生活中，操持家务、侍奉老年人、抚育子女，妻子比丈夫付出的要多得多。当这些负担减轻以后，尤其是丈夫退休以后，就应试图建立一种新型的夫妻关系。做丈夫的要对妻子多加体贴和关怀，回报妻子多年来为家庭的付出，主动承担力所能及的家务劳动。即使从头学起，对妻子来说也是莫大的安慰。如果不理解妻子的心理要求，不承担家务，仍旧饭来张口、衣来伸手，自然会影响夫妻感情。老年期要多做事，少批评，积极调适夫妻关系，主动适应退休后的生活，让婚姻关系更融洽。

▲**别用放大镜看缺点**

(三) 宽容对方失误

我们常常会看到或听到女方这样的抱怨："他年轻时候不正经（出轨），他不给我钱，他不管我，凭啥让我管他？"或者男的说："她干啥能行？工作不行，家务事情做不好，做的饭没人吃，家里还乱七八糟，我一看她就窝火。"这些指责和不满都指向对方年轻时候对不起自己的地方，到了老年期，如果打算继续与他（她）共同生活，仍旧以这个为借口，揪住对方的错处不放，就是把事情往更糟糕的地方推。

待对方撒手人寰的时候，自己孤家寡人，面对没有一点烟火味的家，才知道对方的重要。宽容对方的错误和不足，就是爱护自己；挑剔对方，就是自己对自己发难。

有这样一对夫妇，年轻时女方长相漂亮，男方追了7年，终于追到手，结了婚，养育了4个儿女。儿女都很优秀，但女方始终觉得男方没有给予自己想要的生活，于是开始说话口无遮拦，经常抱怨丈夫，嫌弃他没有出息。男方在女方的辱骂下，愈加沉默。后来男方患了阿尔茨海默病，连饭也做不了，人也不认识了，女方负担更加沉重。女方此时才发现这么多年来家务活多是丈夫在负担，现在全部变成了自己的活儿，而且照顾病人十分艰难。老太太一边干活，一边抱怨。五年以后，老伴去世了，当空空荡荡的家抛在老太太眼前时，那一张空床才变得刺眼起来。

另一对夫妇，丈夫缺点很多，但妻子却温柔包容，细心呵护。丈夫是一家公司的财务人员，工作比较忙，回家之后就不愿意动，总是看电视，贪凉吹空调，久而久之得了强直性脊柱炎，脊背变成了一根直棍子，重一点的东西都不能拎。妻子从来不抱怨，只是和言细语动员他一起出去玩。外出时，总是自己背着沉重的行李，扶着行动不便的丈夫。丈夫脾气还特别大，动辄生气，说："我就不想出来。"妻子笑笑，并不生气，说："我不想让你老在家待着，万一老年痴呆了呢？"丈夫在妻子的悉心呵护下，身体渐渐好转，也能为家里做饭了。妻子更是经常夸奖丈夫，丈夫感到了爱的力量，也回报给妻子，双方共同经营满是爱的家庭。

夫妻风风雨雨几十年，宽容对方就是宽容自己。遇到问题就争吵，或者不理不管，都不是解决问题的方法。真心诚意对对方负责，尽自己的最大努力满足对方的需要，以对方的快乐为自己的快乐，这样的老年夫妻日子越久，感情越深厚。

二、遇到矛盾妥善处理

在生活中发生矛盾是任何夫妻都不可避免的，关键是要积极、及时地解决矛盾。一般来说，一方发火，另一方应避其锋芒，悄声让步，待对方冷静下来之后，再交换意见，使问题得到解决。如果针锋相对，寸步不让，会使矛盾激化，争吵上升为打架了。

此外，在发生矛盾时，切记就事论事，不要陈年老账一起翻，也不要使用过激的语言、绝情的话语。再大的矛盾冷静冷静也能得到解决。过头话一说，伤害了对方的感情，就难以挽回。

老年夫妻在长期的生活中已经磨合出了解决矛盾的方法，总有一方是妥协的，无论谁妥协，都可以防止矛盾进一步激化。有一对夫妇是这样处理冲突的。每当女方生气的时候，男方就开始哄着："哎呀，别生气，先吃饭，我来做，你想吃啥？你是咱们家当家的，先决定你想吃啥。"用这种方式回避矛盾，等女方气消之后，软软地回刺一句："你这脾气见长。"让对方意识到自己的问题，这样的处理才有智慧。总结下来，家庭常用处理矛盾的办法有以下六点。

（1）缄默。对方发脾气，火气正盛时，你最好保持沉默，只管做你手中的事。待对方气消后．再耐心交换意见。

（2）回避。引起冲突的事件来临，你马上躲开，避免冲突出现。

（3）转移。对方生气时，你要马上说其他的事情，将注意力引到新问题上。

（4）忍耐。忍耐对方的暴脾气，忍耐唠叨，忍耐对方的一切不完美。切莫唇枪舌剑，互不相让，赢得了吵架，丧失了伴侣。

（5）沟通。一旦夫妻间产生矛盾，你要细心观察，主动沟通。先悄悄为对方多做些事，加倍体贴，待对方火气消下来了，再说他的错处。聪明的人会采用幽默的话语，使对方破涕为笑。

（6）相敬。解决矛盾后，当作没发生，不存芥蒂，恩爱如初。

老年人把握这些原则，就可以减缓矛盾和冲突。周恩来和邓颖超根据亲身体验总结出处理好夫妻关系的"八互"原则：互爱、互敬、互勉、互慰、互让、互谅、互助、互学。老年夫妇按照以上这些原则相处，就可避免争执，收获晚年的幸福生活。

三、相互扶持与照顾

戏文里"你挑水来，我浇园"是青年夫妻相互扶持的样子，老年夫妻更需要相互扶持。如一对李姓夫妇说起对方来，都是一脸的满意。李奶奶说："我俩性格两个样，我是个直肠子，性格外向，老伴比较冷静，理性一些，平时也会拌嘴，会有矛盾，有时候说几句话就会抬杠。但结婚四十多年了，也觉得习惯了，可能哪天不这样还不适应了呢。"而李爷爷说起李奶奶来，更是心里欢喜："孩子小的时候，我在外打拼，都是她教育孩子，不过孩子挺让我们省心的。现在她出去上老年大学学画画，我就在家做家务，做饭等她回家。"这样的夫妻活成了让人羡慕的模样。

伴随着岁月的流逝，老年人体力衰退，生活自理能力越来越差，日益需要别人的照料。而夫妻照料是主要的照料方式。在遇到老伴失能或失智时，扛起照料的重担，才是夫妻恩爱的最好例证。

另一位李爷爷，今年67岁，与配偶王奶奶一同居住在北方城市的某社区内，两人育有一儿一女。早在七年前，李爷爷就发现妻子开始变得健忘，刚刚发生的事情就当作没发生过一样，同时变得沉默寡言、脾气暴躁，不愿意和家人、亲戚以外的人聊天。于是李爷爷和儿子一起带妻子去医院检查，结果医生告知他们王奶奶患上了阿尔茨海默病，也就是我们通常所说的老年痴呆症。随着时间的流逝，妻子变得非常健忘，最近发生的事和最近见过的人她都不记得，去一个离家远一点的地方便无法自己找到回家的路，脾气也变得古怪，家人与她交流日益困难。近两年来，妻子的病情更加严重了，连一些她最熟悉的人都已经无法辨认出来。有一次孙子来了，她都问："那是谁？"每天稍不注意就往外跑，跑出去就找不到回来的路。家里的事情也无法做，还要人整日看着她。自从妻子生病以后，李爷爷便减少了自己的户外活动，一个人扛起了照顾老伴的重任。

照顾老伴又是一个看不到尽头的事情，心里很苦，说给儿女们听吧，害怕影响他们的心情；说给别人听吧，谁又愿意听这些事情。身体也很累，有时候因为照顾老伴睡不好，第二天起来浑身无力、不舒服，长此以往，李爷爷觉得很无助。这种情况下，他寻求孩子们的支持。与孩子们商讨对策，一儿一女每周回来照顾一天，减轻照料压力。如果还不能支撑，就雇用一个日间保姆解决问题。李先生也能有1~2天轮换着休息。晚年夫妻在照料中体现夫妻的情与爱。

第二节　老年期的代际关系

代际关系是家庭中最基本的关系，子女的关爱更是老年人幸福的支撑。恰当处理代际关系，对协调两代人的心理、融洽家庭生活气氛十分重要。老年人若能掌握处理代际关系的方法，真诚奉献，不求回报，敢于批评，善于引导，就具有了主动性。子女若能关爱照顾父母，不计麻烦，不把"啃老"当作理所应当，主动协助父母解决问题，就可以建成上下和谐的家庭关系，为两代人的生活搭建温暖的港湾。

一、父母真诚奉献，不求回报

大多数的父母无怨无悔，一生挚爱自己的子女，不求回报。但也有一些父母会说"我们辛辛苦苦把你养大，你可得好好孝顺我们"，"爸妈把你拉扯大多么不容易"等话语。总说这样的话，谁都不会舒服，而有"付出就付出了，还要什么回报呢？付出是应该的"这样的心态，关系相对融洽。反之，强调自己的所得，会让孩子离自己越来越远，毕竟谁都不愿意活在债主

第二章 老年期的家庭关系

逼着自己还债的环境中。陈司寇老人说：

> 你认为自己把儿女抚养大，儿女就应该回报你。儿女都有儿女的事情，哪有那么多时间陪着你？回想一下你自己的父母在世时，你又曾去陪伴了多少？照顾了多少？我从不要求儿女来陪我。我一个人生活得很有规律，说真的，他们来了我还有点嫌打乱了自己的计划。所以一个人生活是常态，儿女来看你，是惊喜。这样就不会心怀不满，常感落寞了。

> 不要回报，只要奉献。我养大了儿孙，是我的奉献，但我不图儿孙的回报。我一直助人为乐，若能帮助他人，我就感到快乐。能给周围人带来快乐，我就感到快乐。一位老师经济上有困难，我给了她点钱，她向我表示感谢。我说，你甭谢，我这样做自己高兴。[1]

---

[1] 曹培. 陈老师的最后一课：如何面对老年、疾病与死亡[EB/OL]. (2017-10-22) [2020-10-12]. http://blog.sina.com.cn/s/blog_5846b2950102xazq.html.

陈老师有这样达观的心态，生活得非常幸福。反之，有的父母不站在孩子的角度为孩子考虑，还会无限度地要求孩子，索要更多的爱和照顾。这位母亲一直强调自己的付出，让母女关系成了一座冰山。女儿说：

> 我妈妈总觉得她生了我，就是我欠了她的，还总嫌弃我报答她不够。我刚结婚不久，她就对女婿说："楼下邻居的房子是女婿给装修的。"我老公很生气，问我："你妈啥意思？人家楼下邻居的女婿装修房子了，你妈看到人家邻居的付出了没有？"我无话可说。平常有意无意地，妈妈会说："养活你们可不容易了，你小时候给你喂奶，一个月就要花10块钱呢；给你买帽子，买过5顶呢；每年我都给你做衣服。我没有评上高级职称，都是因为养你们几个……"总之，她的一切不幸都是因为我们，我们影响了她。听了这些话，我不想多说，也不想回家。回去了也是尽赡养义务，做完饭，洗完碗，马上就想走。有一次，刚从家里出来，发现外面下雨了，我躲

进了大门口的一个水果店里，几步之外就是娘家，我却不想回一趟家里拿一把雨伞再走。

母女双方互相埋怨，本来最亲近的人却隔出了银河一样遥远的距离，成为永久的遗憾。

还有一些父母对孩子的爱非常自私，黏着孩子，不愿意让孩子离开自己。一位30岁的白领说：

> 我本来在国外已经工作了，我妈非让我回来。我考虑到他们年龄也大了，回来就回来吧。结果，我妈每天去我家，做饭、打扫卫生。你不让她去都不行，一说就哭天抹泪地声讨："你这个没良心的，还不是为了你。"我感觉如同坐了监狱一般，时时刻刻都有人监视。

还有更为极端的例子：母亲全方位参与女儿的生活，总觉得女婿对自己的女儿不好，女儿在母亲影响下，离了三次婚。在孩子长大以后，让孩子独立成长，自己选择，并承担后果，是为人父母的修养。哲学家罗素说："老年人对孩子不要过分依恋，才能度过美好的晚年。"

父母是孩子的第一任老师,"爱出者爱返,福往者福来"。我们看到和谐快乐的家庭里,父母都以对孩子的关怀和爱护来赢得孩子的尊重。老母亲时刻关怀着孩子,每到周六日,为孩子们做好主食,买好蔬菜,等着孩子们过来吃个团圆饭;放假时接孙子孙女过来住;一旦哪个孩子需要帮助,立刻协助孩子们处理一些事情,自然而然赢得了全家人的尊重。身教重于言教。老母亲病了,孩子们纷纷过来陪住,协助医院看护,打理家务,齐心协力解决问题,家成为全家人的温暖港湾。

二、子女关爱老年人,不嫌麻烦

子女关爱老年人体现在方方面面,但物质保障是第一条。有的年轻人自己工资很高,却将"啃老"当作理所应当,拐弯抹角地套父母的钱。一位女儿话里有话地对母亲说:

> 我舅给姑娘20万元装修费呢。

母亲无奈,也给了女儿10万元,但心里生气,

第二章 老年期的家庭关系

对朋友说:

> 她就故意那么说呢,她舅根本没钱。我不管她那么多,她们花钱比我们多,我们能骑自行车都是骑自行车。她每天上班都打车,还动不动就到外面玩,点外卖吃。

这样子非但不是关爱父母,反而是在给父母添堵,自立基础上的照顾,才是真正的关爱。

(一) 亲自照顾

台湾地区知名作家龙应台在新书《天长地久——给美君的信》中说:"此生唯一能给的,只有陪伴。而且,就在当下,因为,人走,茶凉,缘灭,生命从不等候。"作为子女,为父母创造舒适的养老条件,是子女应尽的责任和义务。当自己能够亲自照顾父母时,一定要亲自照顾;当自己无法亲自照料父母时,一定设法给父母找到适宜养老的处所,让父母生活得幸福。

一位照顾父亲的57岁妇女说:

> 我本来在外面打工,后来我爸病了,我就不

去了,去照顾我爸。我爸不能自理,白天我和保姆照顾,晚上我哥哥们轮流过去住。虽然雇着保姆,我还是中午过去,保姆可高兴呢,她就不用做饭了,光是擦抹、洗漱就行了。我爸爸小便失禁,我们伺候得仔细,家里没有味道。给爸爸做他爱吃的饭,喂他吃药,这些都可操心呢。当时也想过送养老院,可是我们舍不得,就一直没有送,自己照顾着。现在爸爸去世了。

这位妇女在面临父亲养老问题时舍弃了自己的利益,将照顾父亲放在了第一位,顺应父亲的需求,照顾父亲,让父亲善终,完成了自己的任务。尤其可贵的是,有些子女不受父母"待见",父母给予的关爱比较少,子女仍然能尽最大的努力照顾父母,充分体现了"亲爱我,孝何难;亲憎我,孝方贤"的传统文化精髓。

(二) 请亲友代为照顾

当然,如果儿女自己工作紧张,可以设法找到协助照顾老年人的人。军队干部顾司长的做法非常值得借鉴。顾司长叫来了自己的战友王才,说:"我这里忙得顾不上，我把我妈接到你这儿来，你照顾她吧，我每个月给你发3000块钱工资，吃喝你就用我妈的钱，老太太信仰佛教，心善，你不花她的钱，她也就捐了。"他将自己的母亲托给了战友王才。王才四十多岁，离异，在某企业工作。该企业效益不行，没什么事情干。单位与家仅隔着一堵墙，照顾老太太也不耽误上班。王才以前做过炊事工作，会做饭，现在单身一个人，吃喝不规律，有一顿没一顿的，身体非常消瘦。王才接过战友母亲之后，有了一份新工作，精心伺候老太太。冬天，到山里买了一只羊，两人熬羊汤喝，老太太的脸色红润了，身体也好了。王才自己也因为有了这份工作，生活规律了，长胖了。顾司长做了一件一举两得的事情，既解决了老母亲的照顾问题，又解决了战友的工作问题。

（三）雇用保姆或送养老院

社会上普遍有一种说法："孩子越有出息，理论上离你就越远。"因为出生在农村的想到城市，出生在城市的希望到大都市，而在大都市里的希望到北上广一线城市。所以，"子女都是在电话簿里"。一旦老年人真有急事,给"电话簿里"的子女打电话求助,根本解决不了燃眉之急。这种情况下,子女就要雇用保姆,或者将老年人送到养老院里。如一位老师因为自己在外地工作,无法亲自照顾母亲,就将85岁的老母亲放到了家乡的一个养老院里,自己常常打电话问候或回去看望。养老院不大,院长每一个星期将老人弄到洗澡间里,花上几十块钱给老人擦澡,老人过得挺好。一旦有人问她"谁送你到这儿来的呀",她说"我闺女","那你闺女挺有钱的?""有钱,一个月工资8000块呢。"老人家可骄傲了。如果让老母亲整天一个人待在家里,那不是要无聊坏了?妥善安排老年人的生活,常常关怀看望,让老年人生活得幸福,是子女的责任所在。

有些年轻人将老人送到养老院里,却不去看望,老人非常落寞。养老院里也是一个社会,老人之间也会攀比,谁家的儿女来了,谁就高兴;谁家的儿女没有来,那人也会自卑。因自卑而脾气变得暴躁,以至于很快郁郁而终。所以,不在乎送不送养老院,而在乎管不管。子女如果仅将老人送过去,就再也不露面了,老人实际上就陷入了失养境地。老年人遇到问

第二章　老年期的家庭关系

题,没有能力去反映和诉说,失去了与外界联系的桥梁,就成了弱势群体中的最底层。

有一篇文章说:"父母,是我们每个人的第一大福田。"

> 如果你想让你的孩子好,让你的家过得好,兄弟姐妹就算不管你爸妈,你都不要计较,不要有怨言,你都要管!
>
> 如果,你不但能把你爸妈照顾好,还能把你的公婆照顾好,你的孩子肯定聪明伶俐又省心,还个个都是贤孝子孙呢。
>
> 尤其当着你儿女的面,也要和言细语对待老年人,好吃好喝地供养他们。
>
> 每天做好饭菜,你告诉孩子,你不能先吃,先给爷爷奶奶吃,先给姥姥姥爷吃。你想想看,今天的老年人就是明天的你。
>
> 等到你老了,你的孩子也会说,让爸妈先吃,是不是?现在好多人去外面找老师教孩子,去哪找呢?真正的好老师是自己的言传身教。

真正是家有一老如有一宝。作为子女，无论采取什么方式，都应当照顾好老年人，为他们的老年期撑起遮风挡雨的伞，让他们安心生活。

三、多年父子成朋友

当老年人高龄的时候，与孩子们已经相依相守了几十年的时间，有成长的喜悦，也有衰老的忧伤。这个时候有争执，有共识，彼此以朋友的身份分享快乐，谈论问题，更为妥当。高龄时期，父母要知道在这个网络时代，自己的知识已经快速地落伍，经验也可能与现代的事实不符，与儿女讨论问题时，多听从儿女的安排，尽量平衡子女之间的赡养负担，维持家庭的和谐，以智慧的方式处理家庭事务。

（一）把爱和关怀摆在第一位

子女成家独立之后，老年人要把子代和自己分割开来，不可依仗自己养育之功，过于依附。有一位老人总是打电话给孩子说家里缺这了少那了，让儿女给买东西，买了东西，也不给钱，时间一久，子女躲着不去了。父母感到很委屈，但是这和他们自己不会处理问题有关系。老年人要区分两种情况：孩子主动给老年人的东西，老年人高高兴兴拿上；如果老年人要求儿女给自己买的东西，就一定付钱给孩子。他们的日子也要过，不要因为自己的需求，而逼儿女们做这做那，那样孩子们自然就疏远了。

父母不但爱自己的孩子，也应当处理好与儿媳和女婿之间的关系。老人安芬这样说：

> 咱只有一个儿子，你不和媳妇好，和谁好呢。我儿媳妇刚刚做了手术，当时说是进口的药少掉头发，可是要自费。我说："就用好的。"6万多块钱，都是我出的。那我现在有钱，不给他们，以后还不都是他们的。后来儿媳妇塞给我钱。我说："不用，你们正是用钱的时候。"儿媳妇说："我们给你啥，你都说不要，给你租房子吧，你说不用。"我说："现在还能自理呢，不行了再说。"儿媳妇感动得哭。

亲密感情在于关怀和爱，将这个摆在第一位，父母才有威望，才能压得住子女的欲望，也才能处理好与子女之间的关系。

如果父母与子女生活在一起，难免有看不惯的事情，在"说"儿媳与女婿的问题上，把握分寸更为重要。如果可以，多说自己的孩子。一位老奶奶说："儿媳前两天买了件裙子，看着也没多少布料就花了三百多元，我说了句这裙子不好看，花这么多钱不值，儿媳妇就满脸不高兴，回了我句：'我自己挣的，又不花你的钱。'噎得我心里那个难受啊！好几天不和我说话，他们太不知道节俭了。"这种情况下，老年人换一种说法，问问"这个是不是贵啊？"儿媳回应一句："哎呀，现在城里的物价都很高了，不跟以前一样，这算便宜的。"老年人回避了指责，也回避了双方可能造成的矛盾。

家庭矛盾无大事，基本都是鸡毛蒜皮的小事。例如，老年人感到自己累的时候，安排家务事，先安排自己的孩子，让孩子自己去协调关系，就回避了矛盾。

婆婆："我腰太疼了，小丽，你别玩手机了，现在去厨房把碗洗了。"（婆婆命令式语气）

儿媳："我忙，让您儿子去洗吧，他闲着看电视呢。"

婆婆："他天天早出晚归上班挣钱养家，晚上还干什么家务。"

儿子："你去洗碗，别打扰我看电视。"

儿媳："我也上班啊，我难道不累吗？"（儿媳抱怨着走到厨房洗碗）

婆婆："你洗碗怎么不把锅也洗了，锅里都是油明天还怎么做饭？"

儿媳："你怎么不一次性交代清楚啊，我一回家就让我干家务，我是你们的佣人吗？"

儿子："洗个锅能累着你啊，天天就知道抱怨。"（儿子很没耐心）

儿媳："我不洗，我把碗洗完了，剩下锅谁愿意洗谁去洗。"

婆婆："让你洗个锅你就有这么大意见，我看你就是懒，不想干活就别进这个家。"

儿媳："我的家我为什么要出去，要走也是你走。"（摔门回房间）

婆婆："哎呀，我就让她洗洗锅和碗，她怎

么对我这个态度啊!"

儿子:"你们能不能小点声啊,天天吵架,洗个碗也得吵架。"

这个案例中,婆婆不会说话,儿子的角色扮演得不好,媳妇不会回旋,三个人的毛病凑在了一起。如果婆婆把活丢给自己的孩子,说:"你们看你们谁洗碗吧,我累了,休息了。"然后回屋休息,孩子们自会商量,家庭的气氛就会好很多。

当孩子们结婚后,老年人从家中的权威变为了协助,不过多干预年轻人的事务,体谅年轻人的生活方式。一位老人说:"因为他们相处的时间比和咱们相处的时间长,咱就得高兴他们过得好呢。"婆媳(岳婿)虽然并没有血缘关系,但在长久的生活中,彼此都在观察着对方,老年人想要什么样的媳妇(女婿)就照着什么样的行为来做,时间长了,孩子也会看着做。

(二) 批评的艺术

子女之间照料负荷不均衡,容易出现矛盾。如果老年人能够及时平衡他们之间的矛盾,就不会发展成为大问题。例如,让干活少的也出一份力,或者让干活少的去看望一下自己的兄弟姐妹,帮助他们解决一些问题,表达他们的感谢之情,以此来平衡子女之间的关系,就不会出现"撂挑子"的现象。反之,干活多的使劲儿干,不干活的什么也不管,时间一长,争执就出现了。所以,父母要经常将孩子们叫到一处,站在家庭和谐的高度上处理问题,而不是顺着自己的偏好处理问题,才能建立和谐的家庭关系。

在父母身边的孩子,为父母处理事情多,出的纰漏多,父母一般有怨言;而离家远的孩子一年回来一回,父母喜欢得不得了,这是许多家庭常见的情景。父母要多体谅身边孩子的处境,多看到他们的优点,多表扬他们为家庭所做的贡献。而不应该有点不满意就到处宣传这个孩子的不好,弄得兄弟姐妹互相不满,原来想做的事情现在也不愿意做了。尽管"一碗水"很难端平,父母也要尝试端平。关怀爱护所有的子女,给予他们必要的帮助,注意疏导他们的情绪,让时间沉淀父母对于子女的爱。当然对于子女的一些不当行为,父母也不可姑息纵容,要有理有据地批评教育他们。

有这样的老两口，七十多岁了，工资不算低，本来可以富裕地安度晚年，但他们的五个子女都回来吃和住，一分钱都不交，成家了也赶不走，导致老两口二十多年没有添置过一件新衣服，没有一个孩子给老年人过生日。更可悲的是，老两口有病不敢治疗，因为连住院的押金也交不起。每月的工资应付一大家子的吃喝拉撒，总是紧巴巴的。老太太常常念叨：手心手背都是肉。老两口不忍心拒绝他们的五个子女，结果呢，子女们一个学一个，不"啃老"的反而觉得吃了亏了，于是都回来"啃老"。

其实，父母在第一个子女成家之后，就应该对儿女说："你看，你们妈妈挺累的，你们回来我们都高兴，但是把你妈累倒了，你们也麻烦不是？所以，逢节假日回来，回来的饭主要由你们自己做，其他时间自己单过。"父母要敢于表达自己的意见，摆事实，讲道理，耐心听取不同意见，吸取合理的意见，达到思想认识上的一致，才能理顺家庭关系。老年人关爱子女要有度。如果放任孩子的不良行为，不敢说，怕伤了和气，反而会积累越来越多的不满和矛盾，家庭难以和谐。

（三）多听从子女意见与安排

"小时从父，老来从子"，这是古训，现代社会老年人同样应该多听从儿女的安排。例如，对于养老的安排，老年人不愿意去养老院，但一个人住又不安全。这种情况下，老年人就要考虑儿女的意见，毕竟孩子们做出的决定可能最符合老年人的需要。老年人硬要按照自己的要求来，只会导致双方关系紧张。

有一位老太太已经80岁，骨折了，明显自己不能独立生活。两个子女还在上班，于是商量给妈妈雇用一个保姆，但是老太太不愿意，来一个保姆给骂走一个。老太太说："你挣我家钱，还吃我家饭。"保姆说："你姑娘让我来的。"老太太不管，开始撵人。保姆给姑娘打电话，姑娘说："别理他，我让你走，你再走。"但明显老太太在耍无赖，一会儿要这，一会儿要那，直到保姆干不了，走了为止。这位老太太想让儿女回来伺候，所以采用了这种手法，这是给孩子出难题，时间久了，孩子们之间难免会因为这些难题而闹矛盾。

老年人信息闭塞，容易上当受骗，一旦涉及大额

▲你不给老年人找事做,他就"找事"给你做

金钱的投资、理财、购买墓地等行为,一定与子女商量,听从子女意见。如某老太太在公园里收到一个传单,上面宣传有上海来的名医到某医院义诊。老太太信以为真,打算去看看。与子女一说,子女判断出这是骗人的,是借义诊来卖药的。果然老太太在过去看的时候,发现一套药5000元,就明白怎么回事了。所以老年人遇到事情,多与孩子们商量,骗子自然很难得逞。

四、理性处理财产,全家和睦

这一代老年人是计划经济时代之后第一代有财产的老年人,任何教科书上没有教过他们应该怎样处理财产，好多老年人因不会处理财产，导致矛盾激化，导致老年人自己陷入失养境地，子女之间形同路人。一位社区主任说：

> 我们这里老人们基本的吃住都解决了。现在的问题主要是一些财产矛盾，影响老年人与子女的关系。例如，有家老太太要把房子留给三儿子，其他子女就不愿意了，说："你要留给三儿子，那我们就都不管你了。"这矛盾就调解不了。要是老太太啥也没有，几个子女之间轮流照顾，也没有啥矛盾。

这就凸显了当代社会老年人财产管理的能力问题。

（一）理性消费莫守财

这一代老年人基本上经历过物资匮乏的年代，青年时期挨饿，物质短缺、经济困难，整日面对的是工资极低、凭票供应、精打细算、维持家计的日子。这些经历让他们习惯了勤俭节约。进入老年期之后，好多人不知道该怎样处理自己的金钱，不知道存下的钱越多，儿女的矛盾越多。生前应尽量将自己的钱花出去。

老年人顺着过去养成的习惯，光攒钱，不花钱，结果是什么呢？就如这位女儿的母亲一样一直强调自己的付出，一辈子都没有活舒服。女儿说：

> 主要是想不开。我妈妈是退休的老干部，一个月退休金就有9000块钱呢。妈妈在我爸爸去世之后，我上午打电话，上午哭，下午打电话，下午哭。哭得不行，我就把她接到我这里住了。她刚来这里的时候，所有花销都是我给她的，包括买菜的钱。她的钱就攒起来，不动。没有电费了，她都告诉我，有时候我哥哥过来吃饭，院里人们还笑她呢："你在姑娘家里住着，还带着一个儿子？"她可不好意思了。后来住着住着，她就说："等我再老了，我就不住你家了。"实际上，她花我的，我倒没觉得有什么，但她自己心里不舒服。后来，过年的时候，我就发现她睡着不起来，不像常人那样睡会儿懒觉，就好像"过去"了似的。大年初一住进了医院，12天以

后去世了。等我妈去世了，我才知道她卡里的钱攒了90万元。我就心痛，妈呀，你说你把你的钱花一部分出去，你不就能理直气壮地住在这里了吗？何至于自己那么难受呢？你先花你的钱，等没有钱了，再花女儿的钱，你这走了，钱还不是儿女的？自己又得到了什么呢？

有的老年人想不明白"财聚人散"的道理，不但守财，还犯糊涂，总是怀疑儿女偷自己的钱。一位退休的医院院长说起自己的妈妈非常苦恼：

> 我妈妈以前也是一位内分泌科的医生，现在92岁了，脑子糊涂了，好多事情不清楚，总是抱着自己的钱不撒手。她的保姆也是我给发工资，到了过年了，她还跟我说："你给我弄点零钱，我要给孙子外孙子压岁钱。"我说，"那你把你的存折给我吧"，人家不愿意。后来给了我，告诉我的密码还是错的，让我试了三次，锁了，还得带着她去开。她就不像我婆婆，人家就是想得开。婆婆常说："我花我的钱，我花得剩

下了,你们分一点,没剩下,你们就别分了。"我妈每个月退休金9000块钱呢,这么多年就和我住在一起,自己的钱一分不花也就算了,她还说我偷她钱了,跟我二哥告状。亏得我二哥还清楚,指着存折说:"妈,你看你的钱花了一分钱没有?一分都没花。"我这全身心地照顾着她,她反倒这样,唉,想想又是自己妈,也没有办法。

这是62岁的女儿说起母亲时叹气而无奈的情景。试想活成这个样子,怎能得到儿女的敬重吗?有的老年人使劲攒钱,却不断上当受骗。如这位女儿的母亲一样,女儿说:

我妈妈自己花钱非常节俭,只要西红柿单价超过3块,就不买了。平常保姆钱是我和三个兄弟们给凑着,家里的吃喝好多是我给买着。她和我爸的工资加起来一个月8000元,自己能花一两千元。家里雇着保姆,家后面就是超市,让保姆给她买菜吧,她信不过人家,自己去那儿买上,然后打电话让人家过来跟她一起拿。雇用的保姆换了十几个了,老是和人家合不来。不是嫌吃得多了,就是嫌干得少了,我一过去就调解她和保姆之间的关系,调解也调解不完。她攒下钱以后,还老想着挣钱,以前是买保健品,后来是上集资的当。她一去公园就被人家公司的业务员盯上了,什么投资太原市的地铁建设,能有25%的回报,她背着我们就去投了钱。后来我知道了,问她投进去多少钱,她说2万元,我这警惕性也就轻了。就说:"那有风险,赶快取出来吧。"她大约是吃了点甜头,不取,又被人家骗着投进去十几万元。到现在投进去多少钱,我们也不知道。后来,又投资中药材基地,又投资了什么护栏建设,把自己的养老钱全部折进去了。出了事,她也不告诉我们实话,问被骗了多少,一开始是五六万元,后来是十来万元,再后来是三十来万元。基本上把她攒了一辈子的钱都给骗子了。现在比较老实了,只去银行存定期存单,攒钱的速度也挺快的。但是还是只喜欢攒钱,不消费。

这样的老年人没有看透退休工资是用来花的,不是用来攒的这个道理。数字的增长，虽然带来心理上的愉悦，但子女的疏远却给自己带来了更大的危险，攒给了骗子，更是荒唐。

做一个想得开的老年人，到了高龄阶段，将自己的财产交代给儿女，一旦生病了，先花自己的钱。儿女做了值得鼓励的事情，直接给儿女一些钱，如某位老人给子女日结工资200元的事情，就做得非常理智。同时，设法将多余的钱花掉而不是攒下一大笔，免得待自己去世时，儿女争夺遗产。老年人如果自己经济宽裕，能自理的一定要自理，自理才能赢得尊重。对于孩子们的供养，给多给少，不要计较。至少表面上要一碗水端平，照顾父母多的，就拿出明确的偏爱理由。有的父母嫌弃给钱少的，喜欢给钱多的，甩脸子，给不同的待遇，这是简单化的处理方式，人为地制造矛盾。有的父母自己的工资很高，但是遇到养老的问题，不花自己钱，什么都由儿女凑钱，这样的父母得不到儿女的尊重。尽管家不是一个讲理的地方，是一个讲情的地方，但是基本的道理要通，关系才能顺。家庭的和谐要靠老年人自己去建设，老年人的所作所为是建构家风的关键。

（二）家庭财产早安排

财产是最为敏感的问题，有些家庭不去讨论它，最后孩子们滋生矛盾，彼此形同陌路。父母在财产问题上应早做安排，可以依照一些原则，如照顾弱者、照顾需要者、照顾付出多者，等等。老年人尽量在自己生前将自己的分配意见表达出来，不要等自己去世后，让儿女们平分财产。虽然都是给了儿女，但效果截然不同。老话说"早给是人情，晚给是应当"。老年人的财产自己说了算，如果生前没有安排，让子女来分配，只有一条"平均分配"，干活多的孩子无法得到鼓励，会有不舒服的感觉。在老年人生前，该照顾的孩子照顾到，就达到处理财产的最高水平了。

例如，这位老先生在自己80岁生日的时候将自己的财产做了安排。老先生说：

> 我已经过了80岁了，在咱们家里，我这岁数就已经算是高寿了，我挺满意的。我和你妈也没有多少东西，就是这一套房子。我的意思，老大你现在经济比较宽裕，老二你现在正在集资买房子，现在这套房子卖了能值15万元，老大你给老

二 6 万元，这套房子就归老大，我和你妈立字据。

大儿子说："房子不是我们弟兄俩一人一半吗？"老先生说：

> 不是一半，是因为我们一直要住到去世，所以给你优惠呢。我这么大年纪了，随时都有可能走了，不管我有意识还是没有意识，你们不要给我做大手术了，顺其自然吧。

老先生以对生命达观的态度表明了自己对于房产的处理意见，并处理好了孩子们之间的关系，给孩子们留下的不仅是一笔财富，更是人生的智慧。

如果老年人生前安排不妥，很可能老年人自己遭罪，孩子们失和。有一位老爷子，想把自己的房子留给小儿子，因为小儿子生的是儿子，于是就给孩子们说了这件事。孩子有不同意见，大儿子说："首先我不要房子，你现在住在 X 市，主要由我妹妹照顾你，你是不是应该给我妹妹一些。"老爷子不同意，说房子要留给"自己家的人"。大儿子无奈，女儿觉得委屈，只有小儿子得意。结果女儿认为既然按照传统的来，那就由儿子照顾，自己不管了。小儿子雇了一个保姆，照顾老爷子。大儿子、女儿与小儿子之间发生嫌隙，互不来往了。在这件事情的处理上，老爷子可以按照意愿将房子留给自己小儿子，但是目前照顾你的人是女儿，给予她什么，未做安排，孩子对分配方式有意见，他也不积极吸纳，以至于自己的晚年照料出现了问题。

还有老年人不做安排，结果更为糟糕。一位老太太育有一儿一女，儿子已经去世，儿媳与孙子住在外面，对老太太不闻不问。女儿住在娘家照顾老妈。等到老太太去世后，儿媳带着孙子搬回来住了，说这房子是他的。女儿不愿意打官司，放弃了自己的份额。房子归了耍赖的人。这是因老太太提前不做安排，没有认识到照顾者的付出在财产分配时应当适当体现并以文字的形式留存下来。到老太太去世之后，不尽孝的反而获得了遗产，无法体现公平正义。

老年人在世的时候将道理说清楚，将财产留给承担义务更多的子女，既平息家中的纠纷，也利于孩子之间关系的和谐。如果老年人是传统观念，可以让得到房产的人多尽义务，大家心里也平衡。财产处理好，孩子们关系和谐，老年人的照顾比较顺利；财产处理不好，往往会埋下隐患，老年人受罪，儿女失和。

（三）平衡子女照顾压力

赡养问题是一个比较沉重的问题，不能一概而论。父母有退休金的，不愁吃喝，儿女适当给予是孝顺；父母没有退休金的，儿女定期给予是对父母的责任。老年人要注意调节孩子们之间的矛盾，如照顾日常起居多的孩子，出钱少一些；照顾日常起居少的孩子出钱多一点，互相协助。

有这样一个家庭，老父亲83岁了，属于退休人员，母亲已经病逝，身边有一儿一女，外地有一儿一女。在老父亲生病之后，主要由身边的孩子照料，所有吃喝拉撒都由儿女料理。86岁时老父亲去世，因为没有留下遗嘱，所以老父亲的钱财和房子成为矛盾的焦点。身边的孩子认为自己付出多，外地的孩子认为自己也不是没管。家里四个兄弟姐妹形成两个派别，两个派别各自为政，基本上不说话不来往，房产也无法处理，造成了巨大的矛盾。假如老父亲通过公平公正的方式较早地处理财产，消除了孩子们之间的矛盾，就不会造成这种现状。

家庭之中每个人的付出都需要别人的肯定，适度的赞赏和感恩是对人的付出的最好鼓励。老一辈人的付出需要孩子们的肯定，孩子们买礼物送给老年人时，一句表白，老年人就感到了爱的回声。而兄弟姐妹们之间的一声问候，一条短信，一句关怀，都会拉近关系。倘若父母吝啬付出，孩子们也会互生嫌隙。倘若父母对于孩子的行为不太满意，要真诚地交流，以长辈身份寻找机会私底下说服孩子，如父亲可以告诉儿女：这几天你妈妈腰酸背痛，睡不好觉，你们回来多做做家务，让你妈休息休息。做母亲的可以和儿媳妇说说悄悄话，聊聊家长里短，趁机告诉她：你爸爸这几天累坏了，你们回来捎点水果，买点蔬菜，让你爸爸高兴高兴。或者是善意提醒，或者是真诚告诫。孩子们这样做了，家里的情绪改变了，老年人自己也收获了开心和快乐。倘若孩子们之间矛盾紧张，动辄争吵、辱骂、指责，老年人自己也生活得不开心。

第三节 老年人的隔代教养

年轻夫妇忙于工作或者外出务工,将孩子交于老年人照顾,便产生了特殊的社会现象——隔代教养。隔代教养中老年人"该不该管""怎样管""管到什么程度",成为老年人与子女共同思考的问题。这些问题影响着老年人在隔代教育中的态度、行为与做法,也影响着下一代人的成长和代际关系。以积极的态度应对这些问题,才能创建和谐的家庭关系。

一、"带孩子与不带孩子"的考量

老年人带孩子有两种选择,一种是带,一种是不带。当然两种选择之间还有层次上的区别,如心甘情愿带和不得不带。这里老年人的态度与子女的态度形成了一种互动关系,此互动关系直接影响了老年人隔代抚育的行为选择和双方的幸福感。

(一)心甘情愿与儿女的感恩

老年人在退休之后协助儿女带孙子孙女,多数都是心甘情愿的，他们觉得"孩子困难，能帮一把就帮一把""姑娘生孩子了肯定得去，不为了别人也得为了我姑娘"，以至于为了子女儿孙，影响了自己的健康。一位 67 岁的退休女干部说：

> 你说锻炼身体，哪有时间呀。上班时忙得不行，退休了就到北京给大闺女看孩子。每天早上 7 点大闺女就去上班了，照顾孩子一天，晚上大闺女回来才能休息。看完大闺女的孩子，二闺女也生孩子了，还是我和亲家轮流看，就这也累得顾不上别的事。

类似这种挤压自己的生活空间，填补孩子空缺的老年人，不在少数。他们的付出对于他们自己而言，承受着丧失自己生活的痛苦，同时也承受着与子代在思想观念、生活习惯等方面的摩擦。就像央视纪录片里的一位母亲，自从她住到了女儿家，女儿和女婿就成了"甩手掌柜"。女儿动辄指责母亲："妈，孩子不能这样惯着，都被你惯坏了！""你的方法不对，不科学，不能这样照顾孩子！""怎么回事，孩子都发烧了,你怎么不告诉我呢?"爱子心切的女儿坚持"照书养",动不动就对"照经验养"的母亲各种嫌弃和指责。以至于心力交瘁的母亲患上了抑郁症,半夜五点起来吃强化精神的药:"感觉很委屈,想哭,想大声喊。"有的老年人将孙子接来住在自己家中,担惊受怕,害怕孩子有个闪失,自己难以交代,小心翼翼地承担照顾重任。

　　面对带孩子的种种窘境,老年人还该不该带呢?有的老年人觉得能帮到孩子说明自己还有用武之地,只要自己身体还行,就愉快接受,乐于帮忙。但如果内心不愿意,又抹不过面子,不得不去带,会有情绪。如有的老年人会话里话外地说"我是不要钱的保姆"等,有的父母甚至向子女索要"带孙费",那就更埋下了隐患。制造良好和谐的气氛,老年人要做到:有条件帮助儿女就帮助,一家人心顺、气和,老年人也生活在儿孙带来的欢笑之中;老年人自己身体不适无法带孩子,一定要说出来,不可硬撑。如一位带孙子的奶奶经常抱着孙子上下五楼,结果用力太大出现了腰椎滑脱,做了手术,打进去四颗钢钉,以后不能再拿重东西。所以,多沟通,多交流,而不是处处委曲求全、隐忍。不交流，可能会带来更大的危害。反过来，儿女也应当照顾老年人，老年人不是不花钱的保姆，他们同样需要精神生活，带他们去看电影、听音乐、逛公园，陪他们说说知心话，给他们爱的回报，而不是一直让他们劳作。创造和谐的家庭气氛，也为自己的未来树立榜样，奠定基础。

有一位80岁的婆婆长期与儿子同住，儿媳妇说："我家婆婆在孩子小时候，啥时候叫，啥时候来，就习惯了人家住在家里了。我们相处得和母女俩一样，我有啥不开心的事情，都和婆婆说呢。"两好合一好，两家人变成了一家人。感情的纽带因为共同照顾孩子而建立起来。

(二) 甩手不管与儿女的埋怨

关于带不带孩子，还有一种态度是："我们已经养大你们了，以后你们的孩子，我们就不管了。"这种态度如果有客观原因，如老年人身体不好，或者子女过多等，都情有可原。即使父母没有什么理由，就是不愿意管，年轻人也应该理解。一位男士说：

我们生孩子之前,我妈就说,她身体不好,不给带孩子。那妈不管,我们就不生了?我们该生还是生。现在他们老了,他们需要我们,我们还是尽力照顾他们。爸妈辛苦一辈子了,人家给咱看孩子,咱感恩;人家不给看孩子,也应该。年轻人得想通这个道理。

这样的儿女非常理性,知道自己该怎么样做,但理性归理性,心里的感受还是存在的,控制负面情绪,别让这种情绪影响了责任,才是年轻人应该考虑的。

与西方文化中老年人与子女各自独立不同,中国传统文化中,代际回馈的思想仍旧存在。婆婆有条件但是一点不帮忙,还是会对将来的相处埋下不和睦的种子。例如,老李家儿子结婚后,儿媳妇怀孕,孩子还没生,准奶奶就开始推事,对儿媳妇说:"你生孩子让你妈照顾你吧,你妈照顾没矛盾。再说,女人坐月子衣服都很脏的,别人洗了不吉利。"这样的话说出来就已经把自己当成了"别人"。果然,从孩子出生到孩子两岁,奶奶一直没管过,也很少过来看。媳妇的妈妈在上班,也不能多照顾,只照顾了一个月就走了，媳妇只能自己带孩子。从艰难的一个人带孩子的窘境中走出来，儿媳妇对婆婆的态度也变成了"你的事情你儿子管，我不管"。后来，老太太80岁，生活不能自理，轮住到儿媳妇家里的时候，儿媳妇就唠叨："当时让你管管你孙女，你不管，你有啥理由住在这儿呢？"似乎风水轮流转，轮到老太太难受了。因此，在条件许可的情况下，老年人要尽力帮助，毕竟孩子刚刚成家，负担沉重，此时不搭一把手，双方的关系建立不起来，难免会落得儿女埋怨，以后难堪。

（三）以补贴的方式协助带孩子

还有一种情况是老年人身体不好，没法协助带孩子，但是愿意补贴子女一些钱，让孩子雇用保姆来照顾。这种做法在一定程度上能促进子代的成长、责任心的增强。但比较适用于经济条件优越的家庭。

无论哪种做法，父母和子女都应将家庭看作一个整体，真心付出，相互包容。懂事的儿女采取的方式为：多哄着老人，老人带孩子，带得好，带得坏，只要他愿意帮你带，心存感恩；平时多关心老人，节假日带老人出去游玩；在意见不同时，语气柔和地与老人交流看法，并做出示范，让老人看到效果；平时更要从行动上多关爱老人，对老人的诉求及时响应，尊重老人的智慧。无论怎么样，家庭氛围最重要，此时建立起来的家庭氛围将伴随两个家庭始终。

二、养育中的代际互动

老年人协助子女带孩子，两代人近距离密切接触，因家庭背景、思想观念、教养方式的不同特别容易产生矛盾，并给两代人的长期相处带来影响。有的老年人委曲求全，一忍了之，认为"他们说什么我不去管就行了"；有的老年人觉得"我给他们带孩子，还受他们的气"，稍微不如意就要走，子女相当紧张；有的老年人完全按照自己的主张来，以至于冲突频发，关系恶化。一味忍让、动辄生气都容易关系紧张，而双方摆正位置，多沟通、勤示范，才能避免矛盾的产生。

（一）以孩子父母意见为主

祖辈协助儿女带孩子，一定要知道，孩子是其父母的，遇到事情多和孩子父母沟通，按照沟通好的方式进行；如果意见有分歧，自己又说服不了孩子父母，就按照孩子父母的方法去做，自己保留意见。如一位带小孙子的奶奶说：

> 当奶奶呀，你要会当。咱的任务就是看孩子，那孩子不是你的，你就负责看好就行了，我不做主。吃啥吧，我就让他们打印出来一个星期的食谱，我执行。遇上问题，先是问人家妈，人家妈说咋弄就咋弄。他们做主，咱执行。这就没矛盾。

也有奶奶、姥姥们觉得，孩子们没有经验，自己带大了四个孩子，自己的老经验才是对的，这样容易与儿媳妇或者女儿发生争执。无论自己的经验对与不对，暂时说不通的，要以孩子父母意见为主，不能强迫孩子父母接受自己的养育方式。例如，一位妈妈总是逗孩子玩，孩子一哭就手忙脚乱，孩子奶奶说：你给孩子个"丑脸"，给他个"好心"，你这样太惯了，以后管不了。孩子妈妈不听，沉浸在初为人母的喜乐之中。等孩子长大后，孩子妈妈发现小时候的宠爱，确实埋下了恶果，孩子不听话，而婆婆当初说的话是对的。子女接受老年人的意见，需要时间。当然，老经验也有不对的时候。例如，一位奶奶告诉刚生孩子的媳妇："月子娃娃就要吃寸寸奶，隔一阵了就喂一喂奶。"结果孩子很瘦，后来儿媳妇看了书，改变了做法，间隔三个小时喂一次奶，孩子反而长胖了。老年人固化自己的经验，也会发生错误。照书养和照经验养本身就不一样。祖父母或许很有经验，但也要相信孩子父母会成长。祖辈与孩子父母在孩子面前应该尽量保持一致的观点，共同进行教育。如果双方态度不一致，孩子会用不同的方式和祖父母、父母建立关系，以得到最大的益处。育儿没有完美，没有完全的对错之分，祖父母应该提好建议，让孩子父母慢慢领悟教育之道，慢慢成长。

当父母管教孩子的时候，祖父母如果不同意孩子父母的意见，也没有必要着急指责，等过后与儿女沟通时，表达自己的看法，让孩子父母自己醒悟，并在行动中纠正。当然祖父母在带孩子的过程中，还隔着一辈人，一般也不责打孩子，交给孩子的父母去教育。祖父母在父母不在的时候，代行管理职责，严格要求孩子，不满足孩子的不合理要求，才能保障孩子身心健康。

（二）子女关怀疼爱父母

有的祖辈老年人觉得自己带了孩子还不落好。如这位蓝奶奶将外孙子带到了10岁，可是说起来一肚子气。

> 蓝奶奶：贴上钱，贴上力气，生上气，还不能说。这接孩子，送孩子，打发吃饭，不都要贴钱？孩子都10岁了，一直都是我看的，贴上力气不说了，有时候我看不顺眼的，看女婿要有啥不合适的，想说吧，又不敢说，可憋气呢。说了就闹矛盾了，就是有气，也得咽下去。唉，我现在就只有心疼闺女一个理由了。
>
> 访谈员：那外孙和您亲吧？
>
> 蓝奶奶：别说了，管得多了，狗都嫌呢。咱又不让他上网，又不让他吃零食的。孩子就说："姥姥，你回去吧，我可不喜欢你到我家里呢。"反倒不如孩子奶奶，长期不见，还挺亲。管得多不落好。怪不得说看孩子不是好活儿呢。还不如自己生的呢，自己生的，能打能骂，闺女生的不

能打不能骂。说得多了,孩子也嫌呢。

访谈员:那孩子都10岁了,您能放手吗?让他们两口子管。

蓝奶奶:闺女下班回来就不早了,没有时间接送,咱是心疼闺女了。哪里像人家亲家了,人家就不管。我去了人家家里,人家看电视笑得咯咯的。现在到海南了,不回来,也不管。你说不管吧,有的人家还给点钱,这倒好,连钱也不给。

访谈员:那你不看孩子,也没有事干,也空虚吧?

蓝奶奶生气地说:那我不会去公园,不会跳广场舞?伺候孩子没有自己的生活了。唉,咱们这代人,管了老的,管小的。你到时候试试吧,也一样的。

这个案例里面,带孩子的蓝奶奶存在着与女婿的冲突(主要是不关心女儿),与亲家的冲突(对方不看孩子),与外孙的冲突。几重冲突交织在一起,心里的不满积累到了快要爆发的程度。这种情况也是当下老年人隔代教养的一个写真,凸显了一个问题:孩子们应怎样对待父母辈的付出,怎样宽慰他们,孝敬他们,让他们心里安然?老年人不是"不花钱的保姆",他们也不是有所求,但是关怀要到位。例如,对于蓝奶奶的生气,女儿就完全可以沟通,让女婿表现勤快一些,有时间自己也陪母亲旅游一趟,夸奖母亲,宽慰母亲,讨母亲欢心。一位高校教师假期陪自己的母亲到海南旅游,回来说:"我呀,主要是为我妈呢,我妈给我们看孩子,累得很。我就得让老人家放松放松。"或者如另一位老师:"我的婆婆吧,可得哄着呢。我给人家买这买那的,哄着帮我带了孩子就行了。"

当然,做父母的应该本着淡然的心态,"付出了也就付出了,也别指望回报"。但是人都是感性的,相互之间的回馈让情感更醇厚,带孩子也成为一个愉快的过程。

三、隔代教养防弊端

隔代教养家庭中老年人作为儿童的主要监护人,可能会形成溺爱,或者由于老年人害怕出事而阻止孩子运动而影响儿童发展。为了促进儿童的健康发展,父母与老年人都要不断完善自身的教养理念,学习新知识,克服隔代教养可能带来的弊端,满足儿童的物质与精神双重需求,促进孩子健康成长。

(一) 和孩子父母一起建立规则

在孩子成长的过程中,最开始都是"以自我为中心"的思维,这种思维的典型特点是:只能感受到自我的想法和情感,对他人的想法和情感缺乏换位思考和移情的能力。正因如此,越是年幼的儿童,越需要对其行为明确划界,给予明确的规则,并要求其遵守。当孩子在面临行为受到限制、需求受阻的情形时,很容易采取哭闹、发脾气的方式逼迫家长放松行为的尺度,从而满足自己的要求。理智的成人知道如果就此妥协,规矩就失去了效力;坚持到底,规矩意识才能建立起来。对于很多老年人而言,他们更容易被孩子的眼泪打动,也容易放弃原则,让孩子达到自己的目的。有这样一个案例。

> 笑笑姥姥:我自己有六个小孩,那时候顾不过来,吃的、穿的、用的和现在都不能比;现在条件好了,肯定要把好吃的、好穿的、好用的留

给孩子呀，别的忙我也帮不上。

笑笑妈妈：笑笑现在很会看大人脸色，我一训斥她，她就躲到姥姥身后找保护，有老人在，我们也不好说什么，笑笑就更加得寸进尺了。我明显感觉笑笑霸道了很多，玩具、书本都不愿意和别人分享。

在这个案例中，笑笑姥姥有一种补偿心理，将自己年轻时没有给自己孩子的照顾全部转到孙子孙女身上，往往变成毫无原则的迁就和溺爱，只要孩子一哭一闹，"孩子要什么统统答应"。有了老年人这项保护伞，孩子有恃无恐，稍不合意就大哭大闹。"姥姥姥爷（爷爷奶奶）带一段时间后，孩子好像变得更难管了"，这是孩子父母的直观感受。与溺爱同时存在的是生活上的全方位服务，降低了孩子自信心和独立能力的发展。许多为人父母者会抱怨上一代干涉他们管教子女的态度，有时又气恼祖辈太溺爱孙辈。

妈妈：这个玩具你有了，咱们不能再买了。
奶奶：宝宝不哭！奶奶给你买！

妈妈：不能再吃糖了，要长蛀牙的。

奶奶：哎呀，他想吃就让他吃呗！

妈妈：小孩子不能喂酒的！不能这样逗孩子。

奶奶：一点点有什么关系，我们小时候都这样。

这样的教育给孩子带来很多问题，孩子会满足自己从父母那里满足不了的愿望，同时形成任性、霸道的性格特点。如果演变成一种模式，孩子就容易到老人那里告状，达到其目的。老年人应当知晓，孩子哭闹是一种手段，当父母不同意时，老年人也应当说服孩子遵守规则，这样管教才有效力。

(二) 在安全条件下开展活动

老年人带孩子尤其害怕孩子摔着、磕着、碰着，没有办法给父母交代，因此小心翼翼地将孩子"圈养"起来，减少户外活动的时间，不让孩子自由奔跑。这样的心态自然会导致孩子的活动范围和空间受限。

乐乐爸爸：好几次去接孩子都发现他一个人

在屋里看电视，小孩子看太多电视不好，可是他爷爷身体不好，追不上孩子，又怕摔着，我们又没有太多时间陪孩子，真怕乐乐小小年纪就近视了。

乐乐爷爷：乐乐蹦蹦跳跳起来，我根本跟不上，就拿根带子拴着，就这也怕摔着。你像院里一个奶奶给娃娃看孩子，孩子就被汽车碰了，那可就麻烦了。

从这个案例来看，孩子本身有玩耍的需求，也有运动的本能。老年人带孩子，运动不足，这也是客观现实，孩子的父母要尽力弥补这些方面的不足。老年人也尽可能在保障安全的条件下，开展一些户外活动。例如，找寻一些安全的空间，让孩子发展自己运动的能力。从儿童发展的过程来看，在生命的早期，大动作的发展至关重要，因为人的发展都是沿着大动作到精细动作的发展过程展开的。

（三）鼓励孩子独立完成一些事情

刚刚出生的孩子非常弱小，几乎任何方面都需要借助成人的帮助才能生存下来。随着孩子年龄的增长,其独立的意识和能力都在发展之中,2岁左右的孩子已经会把"不"挂在嘴边,通过语言发出"独立的宣言"。

当任务太难时,他们也可能望而却步,并惧怕失败。给孩子提供适当体验成功的机会将是有益的。因此,很多时候不是"做什么"才是爱,而是"不做什么"才是爱。孩子在自己尝试解决问题的过程中,也就发展出了相应的能力感和效能感。在以祖辈抚养为主的家庭中,老年人全天候地与孩子待在一起,也很有可能将孩子能力的边界缩小,当孩子本来有"我来做"愿望时,已经帮他做了。长久下来,孩子不知道自己的能力边界在哪里。在老年人眼里,孩子什么方面都需要自己的帮助,但这种帮助形成的紧密关系,却以孩子能力发展受限、自信心建构缺失为代价。"通过自身努力解决问题"是孩子的成长权利,"做事遇到挫折"也是孩子的成长权利,如果剥夺了孩子的这些权利,自然会带来一些问题。

(四) 发展孩子语言能力

4岁前是儿童语言发展的关键期,一旦错过这个时期，可能带来无法弥补的损失。这个时期正好处在幼儿阶段，也是祖辈参与养育机会最多的阶段。从语言发展的条件来看，无外乎三个关键问题：一是需不需要说，二是怎么说，三是说什么。需不需要说是语言发展的前提，因此，为孩子创造一个需要说话的语言环境尤为重要。

我们可以通过孩子起床后喝奶的三种情境来说明这个问题。第一种情形是：当孩子睡醒后，成人直接将奶瓶塞到了孩子嘴里，满足其喝奶的需求。第二种情形是：当孩子睡醒后，孩子指了指奶瓶，成人把奶瓶塞到了孩子嘴里，满足其喝奶的需求。第三种情形是：当孩子睡醒后，孩子说"奶"，成人把奶瓶塞到孩子嘴里，满足其喝奶的需求。这三种情形在祖辈抚养场景中都不难看到。第一种情况可概括为：孩子不用"沟通"，需求即可得到满足。第二种情况可概括为：孩子不用"语言沟通"，需求即可得到满足。第三种情况可概括为：孩子只用说"很少的话"，需求即可得到满足。

归根结底，老年人整天和孩子待在一起，对其各种信息的表达非常熟悉，往往对孩子的一个眼神、一个动作就能心领神会，进而马上满足其需求。正是因为有这样的"读心术"，无形中就可能剥夺了孩子运用语言和与人沟通交流的机会，使其语言的发展受到影响。

诚然，在现在家庭中，隔代教养有着多重的样貌，并不是所有的隔代教养都带来上述问题。如果年轻的父母意识到主要的养育责任还是在自己这里，尽力抽出时间，照看自己的孩子，很多问题也就迎刃而解了。

第三章

老年期的社会参与

"老年人只要愿意并有能力,应一直有机会工作,从事令其满意的生产性工作,同时继续有机会参与教育和培训。增强老年人的能力和促进他们的充分参与,是促进老有所事的基本要素。应当向老年人提供适当的、可持续的社会支持"。[①] 积极老龄化政策肯定老年人的社会价值,把健康、参与、保障三位一体作为应对人口老龄化挑战的战略,并明确强调应努力创造条件让老年人回归社会。老年人尽可能参与社会,既是对社会的奉献,也是对个人生活的改善。

第一节 老年人社会参与的开启与意义

无论老年人参与社会经济活动,还是参与社会文化活动,还是从事志愿服务活动,都可以叫作社会参与。"社会参与"对于社会与老年人均有积极意义。就社会而言,老年人的参与减轻了社会的负担,激活了人力资源的富矿,有利于社会的发展;从老年人个

[①] 出自联合国第二次老龄问题世界大会——政治宣言第12条,载于联合国公约与宣言检索系统,https://www.un.org/zh/documents/treaty/files/A-CONF-197-9.shtml。

人而言,参与社会是老年人自身价值实现的路径,是老年生活丰富的基础,也是老年人健康的必要元素。

一、老年人社会参与的开启

提到老年人,逢老必衰、逢老必病、老而无用是普遍的感受,甚至有"寿多则辱"的说法。但是确实有许多老年人,并不是"体弱多病"的状态,他们有的虽然八十多岁了,仍然身体健康、精神矍铄,登山、爬楼不在话下,甚至活跃于各种社会活动中。这些老年人既是"社会参与"的积极分子,又甩掉了"衰弱"的传统形象,重构了老年人的社会形象。他们用所具有的社会资本、文化资本与经济资本等,主动拥抱现代观念、积极提升生活质量。那么,老年人该怎么开启自己的社会参与呢?

(一)参与社区公共事务

老年人退休之后,主要生活在社区中,参与社区公共事务具有天然的优势。老年人可以就社区治理提出自己的建议和意见,如停车位的划分、环境的维护等。也可以主动参与到社区服务中去,如一位退休教师主动向社区提出,自己每天晚上7点钟可以免费为社区内的孩子提供一个小时的数学家教服务,获得了全社区居民的尊重。

(二) 参与社区文化活动

老年人退休之后,无论生活在熟人社区,还是陌生人社区,只要参与"广场舞""太极拳""柔力球"等文化活动,就会获得新的社会关系,进而获得开心与快乐。即使老年人没有什么爱好,也应跟着看,跟着学,融入群体之中。

(三) 参与智能手机应用的学习

老年人特别容易对新事物丧失兴趣,觉得"我学不会",就不去学了。实际上只要开始学,什么时候都不晚。即使80岁,也能学会"微信"的使用,顺畅地与人沟通。有位80岁的老奶奶,让邻居教会自己手机的使用方法,自己也用缝纫机技术帮助年轻人,实现了自助和互助。智能手机不但带来了交流和支付的便利,而且为老年人打开了一扇新的窗口,让他们了解更广泛的世界,所以,老年人积极学习如何使用手机是主动参与社会活动的开始,低龄老年人也可以开设

"手机小课堂",帮助需要帮助的高龄老年人。

二、老年人"社会参与"的意义

对于老年人而言,生活有多重要,社会参与就有多重要。世界卫生组织健康发展中心指出,老年人社会参与的目的是使所有进入老年期的人(包括残疾、虚弱和需要照料的人),都能提高预期寿命和生活质量。

(一)有利于身体健康

社会参与对于老年人的身心健康大有好处。一位医师说:

> 老年人一定要找到自己愿意做的事情去做,保持适度的紧张,身体的免疫系统才会兴奋;如果完全是松懈的,免疫系统也懈怠了,身体反而不好。

在现实生活中,我们也能看到忙碌的老年人生活充实而健康,而无所事事的老年人,大多身体状况不佳。正如罗素在《论衰老》书中的观点:"强烈的爱好让我们免于衰老。"他举自己外祖母的例子为证:

"我的外祖母生下 10 个子女，9 个养大，其一夭折，此外多次流产，孀居后随即投身妇女高等教育。她是剑桥大学格顿学院创办人之一……上了 80 岁，她发现自己睡不着觉，便经常利用午夜到凌晨 3 点这段时间来阅读科普书籍。我觉得她完全无暇觉察自己的衰老，而这正是保持年轻的良方。如果你有热烈而广泛的兴趣和活动范围，且仍有能力从事的话，便没有理由念念于你活过多少年岁（那仅仅是统计学上的事实），更不会念念于或然苦短的来日。""我认为，有浓厚的超个人兴趣并由此得到适当活动机会的人，最容易有成功的老年。正是在这个领域，长久的历练才真正卓有成效，也正是在这个领域，由历练得来的智慧才能够一展所长，而无强加于人之嫌。"[1]

（二）有利于心灵快乐

社会参与对于提升老年人生活质量具有积极意义。社会参与活动较多的老年人，心理健康状态明显要优于没有社会参与活动的老年人。因为老年人无论

---

[1] 庄敏. 罗素思想小品. 论老之将至 [M]. 申慧辉，译. 上海：社会科学院出版社，1996：120.

参与什么活动，只要走出家门，做善事，都会给自己带来内心的愉悦。例如，一位老奶奶发现好多年轻人找不到合适的对象，就开始义务做红娘，在公园里为找对象的青年人登记信息，然后匹配，乐此不疲。每次收到青年人的喜糖都非常快乐。一位退休的老人在网上学习葫芦丝和唱歌，也找到了快乐。老年人参与各种兴趣娱乐爱好活动，如广场舞、太极拳、唱歌、抖空竹等，每天见面，拉拉家常，说说新鲜事，出出主意、帮帮忙，都能带来美好的体验，这种内心的体验自然而然让人感受到了快乐。

某社区有一个广场舞的老年人组织，大约40人。每天晚上8点左右活动，群主带领大家学舞、跳舞。由于共同的爱好，这些群友从陌生到熟悉，成为关系密切的朋友，定期聚会唱歌、聊天，或者参加比赛，排练舞蹈，为老年生活增添了一抹亮色，也成为当地社区的一支文艺表演骨干团队。

(三) 有利于个人成长

老年人在退休之后，社会角色逐渐丧失，如果终日在家过着闲散的生活，容易导致社会关系疏离。而

第三章 老年期的社会参与

▲干啥也比坐着强

走向社会,通过社会活动可以规避社会风险,获得成长。

如有一位老人在参与社区开展的预防诈骗讲座中,了解了"文玩诈骗、保健品诈骗、养老诈骗、集资诈骗、电信诈骗"等诈骗形式,就以志愿者的身份在社区开展义务宣传,为老人们讲解诈骗的几种形式,逐渐凝聚起了一批志愿者,有开展义诊的、有法律宣传的、有疏导心理的,轮流在社区开展公益活动。这位老人在帮助他人的过程中,自己也获得了提升,还在一定程度上规避了风险。

在社会参与中,老年人自身的缺陷也可以被纠正。如某社区志愿服务队队长老王,起初志愿者同伴评价她:"每次说话的语气就好像是命令似的,说话方式有点问题,常与队员争吵,不过心是好的。"经过一段时间的磨合之后,志愿者同伴评价她说:"老王最近变化比较大,以前我们一块参加活动的时候,她总习惯用命令的语气,搞得大家情绪比较大。但是从最近一次慰问老年人活动开始,她说话语气也比较温和了,会说'请'啊'谢谢'之类的。"另一位队员说:"准备慰问老年人活动的排练过程很顺利,队长说话不那么急了,大家都挺开心,配合得挺好。"通过参与社会活动,老王自身的性格有所变化,获得了成长,更加善于处理问题了。

(四) 有利于自我价值的实现

积极的社会参与可以实现老年人的自我价值。如江西永修县虬津中学教师朱虹,退休后受聘于虬津乡政府文化中心站副站长。他擅于团结老年人开展各种文化活动。春节期间上街摆桌子,义务为农民写春联;元旦、春节组织老年人舞龙灯、跳秧歌、打腰鼓,到各单位拜年;寒暑假精心策划组织老年人到青少年活动中心讲革命故事、教唱革命歌曲,举办烈士故事会。朱虹还先后兼任虬津乡文学艺术界联合会、老年人体育协会、老龄委办公室、关心下一代工作委员会、老科学技术工作者协会等单位的工作，看起来工作一大堆，但他从不叫苦叫累，也不计报酬，干得很有劲。有个别好友劝他说："你赚了几个钱，这样拼命干？"他笑着回答：

> "世上最苦是闲人"，退休后有事做就是一大幸事，何况在职时所拿的工资和退休后所拿的退休金都是党和人民给的，我为人民做些力所能及的事情，完全应当，到盖棺定论，人生无所遗憾，才是我的追求。

这种状态表现了积极的自我价值实现，得到了老年同伴的赞许。

第二节　老年人社会参与的内容

老年人社会参与的内容较为丰富，包括志愿活动参与、政治活动参与、经济活动参与、休闲活动参与、文化活动参与等。在社会参与中，老年人实现了"老有所为"的观念，发挥了老年人的人力资源优势，增强社会整合与社会团结，也更好地融入了社会。知晓老年人社会参与的内容，有利于促进老年人社会参与的积极性。

说起老年人社会参与的内容，用"气象万千"形容也不过分。一般来说，只要囊括社会、互动、个体三个要素，就可称为老年人社会参与。主要可以分为以下五个方面。

一、政府组织的各类活动

随着国际社会对"积极老龄化"的重视，我国政府也开始组织和促进老年人社会参与活动。从2003年起国家组织实施以老年知识分子为主体、以援助西部地区和本地欠发达地区为主要内容的"银龄行动"，以健康低龄老年人为主体组成"爱心助成长"志愿服务计划等，这些活动都是国家促进老年知识分子参与社会、发挥余热的大型活动。随着北京奥运会、上海世博会的召开，大量老年人以志愿者的身份参与社会，我国老年人的社会参与比例有了较大提高。老年学学会、文学艺术界联合会、老年人体育协会、老龄委办公室、关心下一代工作委员会、老科学技术者工作协会等社会组织吸纳了大量老年人。老年人在这些机构中兼职，开展相应的活动，体现自身的价值。

社区也为老年人提供相应的志愿服务信息，推动和促使老年人参与社会活动；同时，利用社区的设施开展公益活动，引导老年人思考生活态度和生活方式问题，建构老年人的观念，避免衰老之后的无助感。而老年人通过参与社会活动，观察和思考自己的老年期应当怎样度过，并以正确的思想观念规范管理自己的生活，提升老年期的生活质量。

二、企事业单位就业

老年人可以凭借专业技术到企事业单位就业，如一位退休医生说：

> 我呢，就是想到各地玩，我就到我没有去过的地方应聘，在一个地方待一年，一边玩一边工作，也挺有趣的。

这些技术人员延续自己原来的工作，也充实和丰富了自己的人生。普通劳动者也会寻找各种工作机会，在超市、餐厅、工厂等地工作。有的还实现了老年创业，如开了打印店，办了"儿童小饭桌"，或制作工艺品等。就老年人而言，能挣一份钱，补贴家用，当然高兴，而且在工作中还能结识新朋友。

> 钱不好赚，但是自己身体健康，待在家里比较闷，出来打工接触的人和事多，另外还挣到了钱，心情舒畅。

这代表了多数老年人的想法。挣钱多少不重要，工作环境的舒适和生活的开心成为许多老年人首先考虑的因素。

三、老年大学等组织的学习

在老年大学、社区或者其他场所孜孜不倦地学习，也是社会参与的一种形式。每到新的学期，老年大学的学习位置紧俏到需要全家帮忙连夜网络占位。好多学员不愿意毕业，新放出的位置特别少，需要委托年轻人帮忙抢占学习位置，这成为老年大学的一种独特的风景。一位退休的社区主任说：

> 我呀，想考研究生，就是想有个追求，一边学习，一边把我工作时候的案例整理出来，用理论来对照现实。明年10月退休之后，在社区组织一支志愿服务队伍，把志愿服务的架子搭起来，真正服务于老年人，让老年人有获得感。

不断学习，实现老年价值应是老年人的追求。老年人可以在社区组织的一些剪纸、刺绣、手工、编织等兴趣班上学习，也可以通过各种平台学习，选择自己喜欢的项目，如绘画、书法、唱歌、集邮等。有的老年人进入退休阶段反而展开了人生的另一幅新画卷，进入到创造的高峰期，原因在于没有中断学习。

四、文化娱乐活动

老年人参与文化娱乐活动的方式很多，如跳广场舞、打太极拳、玩柔力球等，也有部分老年人喜爱戏曲、音乐、书法等群众文化活动。如一位退休老人

所言:

> 我刚退休时,也有失落感、空虚感。这就得自己安排自己。上午吃完早饭,到外面转一圈,买买菜。下午呢,我们楼上的妇女叫我练柔力球,我也就跟上去练了。晚上再报个班,去学学古筝,一星期一两次,有个事情干。这样慢慢就适应了。

老年人的文化娱乐活动形成了许多非正式社会组织,如某街边公园的红歌会,每周六8点准时开始,节假日也照常进行,有主持人,有伴奏的风琴手,有领唱。许多人在这个群体中结识、奉献、得到快乐。该组织在公园或者公司开业时进行表演,具有一定的社会影响,也满足了组员们对于精神生活的追求。

此外,社区组织的手工类活动,将老年人组织起来,发挥特长,旧衣改造、缝纫与编织布包、做丝网花等,同样丰富了老年人的精神生活。此外,在旅游类文化娱乐活动中,社区带着老年人走出去,欣赏自然与人文景观,陶冶情操,愉悦心境,也是老年人社会参与的一种方式。

五、志愿服务活动

老年人参与社区志愿服务一方面可以发挥余热、奉献社会；另一方面可以摆脱孤单和寂寞，丰富自己的生活。老年人可依照自己的身体条件、职业与技能，参与不同的志愿服务，用充满快乐、让人满意的公益互助活动替代自己不能再参加或极少参加的谋生活动，使一生积累的才智与技能在晚年得到发挥，人生价值得以充分体现。某社区71岁甄姓老人做了两个手术，切除了胆囊和四分之一的胃，仍然在社区给大家上公益书法课。某村一位85岁的老人参加了村里的学雷锋志愿服务队，做他能做的事情。这位老人说："我哪怕给别人倒一点水，或是出一点儿主意，我都觉得我有价值呢。"这些志愿者的行动带来了一定的社会影响，带动着更多的人走向志愿服务。

值得注意的是，在各领域的参与度上，中国老年人表现出明显的"家庭内部事务优先"的倾向。很多老年人虽然也外出旅游，参与公共事务与经济活动，但一旦家庭需要，就回到家中，他们认为给子女照看孩子，照顾家务是更为重要的事情。个别老人两方面都能兼顾，如武阿姨，她说：

> 光是做家务、洗衣、煮饭，生活很平淡。到外面去参与社区服务，挺好的，认识一些人，也知道更多的事，老年人的生活过得有意义一些。

她的兼顾得益于孩子们的理解和支持，得益于她没有把子女的家庭看作自己的全部。

第三节 老年人社会参与的困境与突破

老年人的社会参与存在着许多制约因素，如身体机能的衰退、照料负荷的沉重、参与渠道的狭窄，以及老年人自身能力的缺乏和意识的不足等。面对这些困境，从增加社会政策供给、拓展参与路径、增强参与意识等方面，逐步推动社会的改革，提升老年人社会参与的意愿，并开辟广阔的参与机会，才能突破困境，促进老年人社会参与健康发展。

一、老年人社会参与中的个人困难

(一) 社会参与中的身体困难

从老年人的自身状况来看,影响老年人社会参与的主要因素是身体健康状况。客观的健康指标与主观的健康自评状况越好的老年人,社会活动参与的可能性越大,程度越高,而老年人社会参与越活跃,他们的身心健康水平也越高。反过来,老年人健康状况质量低下会使社会参与成为他们的"负担",进而被舍弃。虽然并非绝对,但通常健康状况不佳会限制、削减直至剥夺老年人社会参与的机会。老年人健康状况还包括心理健康,当心境不佳、悲伤、沮丧、烦闷时不愿接触人,活动减少,社会参与亦减少。

(二) 照料负荷的沉重

在现实生活中,一方面老年人为家庭奉献的观念强烈、意愿突出,多数人以家庭劳动为首选目标,而家务劳动的参与比例越高,老年人的活动范围就会更多地被局限在家庭内部,从而构成对其他社会参与形式的阻碍。另一方面公共政策对家庭支持的缺位导致了照料劳动家庭化，特别是长者化的趋势，如此主客观因素的共同作用使老年人承担了繁重的家务负荷。

> 挺忙的，上午特别紧张……买菜回来收拾完家务就得做饭。中午要接他（孙子），那更紧张，还得提前去，还得做好饭，他回来就要吃饭啊。就这一件事把我绊住了，他们（指儿子儿媳）上班，孙子还得我去接，还得送，还得给做饭……（中午）睡一觉还得看着点，别误了上课。

即便如此，很多老年人也会行使自己社会参与的权利，借此来锻炼身体和调节心情，这样的策略又能够促使家务劳动继续下去。

> 一个是锻炼身体，一个是心情也挺愉悦的，挺高兴的。烦躁的时候出来玩一玩，也就忘却了。

> 每天在家，面对他（瘫痪的配偶），也没有意思，心情也可不好呢，出去一趟，高高兴兴，欢欢乐乐，一会儿就回来了，心里高兴点，身体

也（换个方式）动一动。

每天面对，肯定有时候心里也不是那么痛快，自己去排解排解，出来找同事聊聊天，弹弹琴啊，跳跳舞啊。

于老年人而言，家务劳动对其他社会参与形式产生负面影响的机制在于时间的争夺，由于"没时间"，老年人只能"先顾家里"，"以家庭为主"。

那两年还有点儿想法，想出去，这一带了孙子，在家有时候也头昏脑胀的，也不想去了。

现在最多看看手机，看看电视。以前爱看书，现在看书也没时间。生活是多彩的嘛，但是这个（指孙子）是第一的。孩子他爸妈回来，我才能出去，只要他们不回来，那我不能扔下他。

面对照料负荷与其他社会参与形式的冲突，老人们会根据情况选择，即协调安排照料负荷同社会参与之间的时间分配与内容选择。

> 丁奶奶：咱说句实话，家里的活你永远干不完，自己就给自己找点儿开心的活，不要成天愁眉苦脸的，也得出去娱乐娱乐。
>
> 江奶奶：有时间了出来玩一玩，没时间就不出来了，还是以家里面的为主。……我不是每天出来跳舞，有时候孩子病了什么的，也就出不来了。

也有的老年人无法平衡照料负荷与社会参与之间的关系，会选择放弃社会参与。如张奶奶说：

> 我非常想学点儿东西，我什么都想学，画画啊，写字啊，什么都想。我也想出去旅游，和朋友聚一聚，就是因为孙子，什么都弄不成……如果只管我自己，不管他们，没有他们这些事，那我可以活得很潇洒。

一位自己本身就有三个孩子的老人自述：

> 我真羡慕那些只有一个孩子的。你想，我有三个孩子，看完一个又一个，咱现在已经不年轻了，

体力也不行了，到了咱孙子这一代了，能不看？也得看啊。以前年轻时候一个人看着三个，也没有人帮忙，自己也看得可有劲呢，现在却没完没了。

如果照料负荷仅仅是对子代的照料尚且可以应付，伴随着高龄化社会的到来，低龄老年人还有自己的父母一代需要照顾。一位照顾自己90岁母亲的62岁女儿说：

> 我妈妈已经完全糊涂了，她晚上不让你睡觉，一会儿喊你一下，有时候要吃饭，有时候要上厕所。大小便都在床上了，不能下床，可难收拾了。晚上她身体疼了，就乱叫，乱骂人。咱照顾她，晚上没法睡觉，白天还有事情，就可累了。我也雇过保姆，都不合适。刚开始雇的一个偷东西，手脚不干净。还雇过一个是不太会做饭。也有好的，有一个四川的，人家就是在找活干呢，也挺勤快，可是后来人家回去了，就没有再来，就我自己照顾了。我现在也实在照顾不了，我真怕我被拖垮了。

这位照料者眼圈黑黑的,好长时间没有睡好觉了。这种双向的照料负荷把好多老年人逼进了忙忙碌碌、没有自我的窄胡同中。

二、社会参与的渠道与路径局限

作为老年人社会参与的外部空间,渠道和路径的局限对于老年人社会参与的影响巨大。它对老年人社会参与的挫伤包括三个方面:忽视意愿、组织不力和保障缺失。

其一,忽视意愿,也就是否定诉求,没有满足老年人的社会参与需要。一位老母亲说:

> 退休了,孩子在国外定居了,现在就剩下我和老伴,没个事干,挺没意思的。去孩子那边时,看到国外的老年人挺活跃的,在慈善商店卖东西的,在博物馆当讲解员的,还有在镇子的图书馆里当管理员的。听儿子说,他们都是志愿者,在做义工。要是咱国内也有这么多的机会和平台,我也很想做,但找不到这样的组织。

其二,组织不力,也就是消极作为,限制了老年人社会参与的施展空间。一位老人说:

> 现在卫生、治安哪里还需要我们这些老年人,物业就做得够好的了。我们能为大家做的事情太多了,别看我们退休了,但是我们还是有办事能力的。……对于我们来说,非常希望能帮助别人,说不定,别人也能在某些方面帮助我们,大家互相帮助多好啊。只要有机会,我很愿意给有需要的人提供法律咨询,也可以配合物业一起,经常搞搞普法宣传活动什么的,也能给大家普及保健知识。我的确是比较擅长调解家庭矛盾什么的,我也乐意去做。但是,谁能天天盼着别人家里不安宁、净闹腾呢?我主要就是闲不住,爱管闲事,天天除了跳广场舞、吃饭、睡觉,我总不能什么都不干吧?我也参加过几次老年人到儿童福利院的志愿者活动,但是,活动半天就结束了,没人再通知过我。我是非常愿意经常过去看看那些孩子们的。

其三，保障缺失，也就是无所支撑，没有为老年人社会参与创设良好环境。某学校离退休处的处长被问到"有没有组织老年人活动"时说：

> 我们就这几个人，哪能做那么多的事情呢？现在也就是病了去医院看看。我这里一共8个人，管着3个摊子，大学那面两个人，世纪花园两个人，这里两个人，还有两个人基本上不干活，是大学合并过来的，就等着退休呢。能干活的人，就4个，那些司机就是开个车，你让人家干其他的，他也干不了。单位上对我们的要求，也是"稳"，不要让他们闹点啥事就行。

老年人社会参与不仅意味着老年人生命长度的延伸，更意味着老年人生活宽度的拓展，确保和扩大老年人的社会参与已经成为国际社会应对老龄化的重要行动策略。我国也要意识到老年人社会参与仍存在局限之处，因而要采取措施推动老年人社会参与的发展。这既是对老年人社会参与现状的认可，也是对老年人社会参与未来的拓展。

三、老年人社会参与困境的突破

在推动老年人社会参与时，既需要全局而动，优化老年人社会参与的整体环境，也需要灵活而为，尊重不同类别老龄群体的意愿和能力，根据具体条件而采取针对性和建设性的措施。如此，既利于满足老年人社会参与的诉求，亦促进了助老资源的整合和助老环境的建构。

（一）增加老年人社会参与的政策供给

20世纪80年代，我国政府对老年人社会参与的规定仅限于离退休的专业技术人员，进入90年代之后，国家进一步扩大老年人社会参与的对象，1994年发布的《中国老龄工作七年发展纲要（1994—2000年）》中明确规定了要鼓励和支持低龄、健康的老年人进行社会参与；1996年颁布的《中华人民共和国老年人权益保障法》进一步从法律上规定了老年人有权参与社会发展，这是我国第一次用立法的形式规定老年人社会参与的权利，是我国老年人参与社会发展的重要法律保障。2021年11月中共中央国务院《关于加强新时代老龄工作的意见》中将"促进老年人社会参与"作为重要任务之一。真正意义上的老年人的福祉，是将社会参与作为基本权利，在保障每一位老年人志愿的前提下，为他们的社会参与提供合理、平等、普遍、适时、适度、不分性别、不分阶层的自由或自主参与的环境和社会保障平台，建立全方位的社会支持体系，保障老年群体公平、公正的社会参与权益。例如，有为老年人服务的社会企业，专门为老年人介绍合适的工作，以建设长者友善社会。

（二）拓展社会参与路径

老年人社会参与的路径依赖个人的社会关系与资源，未来的发展中，应借鉴别国经验，设立"老年人才中心"，专门帮助老年人寻找与个人学历、专业、工作经验相匹配的工作。政府还可以设立一些老年公益岗位，如公共交通引导员、图书讲解员等，帮助老年人找到自身的价值。而为老年人服务的机构，如老年大学、老年活动中心、老年服务中心等，也可以吸纳老年人参与，以使老年人积极参与到服务过程中，实现积极老龄化，同时获得更多的生活满足感。

当代社会是一个互联网社会，传递信息非常方便，即使你远在千里之外，也同样可以与家乡的朋友密切联系，关键是老年人要保持自己的好奇心，努力学习，以跟上时代的步伐。老年人即使没有大块的时间参与社会活动,也可以通过网络了解当前社会情况,通过微信群与一些群体建立联系,以网络为基地,以共同的兴趣爱好为吸引力,响应各种活动,并表达自己的思想与诉求。

社区是老年人社会支持网络的主要构成,老年人参与所在社区的活动具有相当的便利性。一位老人说:

> 我们社区有许多孤寡老人,社区组织低龄老人组成友善访问团,到居民家里开展慰问关爱服务,该服务已经坚持了许多年了。社区还扶持了戴着红袖箍的巡逻老人来巡防和保护环境,把服务延伸到居民身边。

此外,社区还可以设立爱心组织,如武汉某社区的"爱心驿站",目标定位为"改善空巢老人的社会交往困境",增强他们晚年生活的主动性和幸福感。该项目以"三社联动"为工作方法,聚集社区、社工、社区自组织三方面的力量,带动了社区的大多数空巢老人参与社区活动,充分发挥老年群体的主体性作用，提升了他们的社会交往能力，形成空巢老人之间的自助、互助网络。2018年"爱心驿站"从成立之初的4人发展到目前的40多人。

(三) 增强参与意识

老年人的身体健康和社会参与往往呈现出密切的联系，越不出门，身体健康越难以保障。老年人需要克服身体的不适，参与一些社会活动，这样才能让自己建构起良好的生活方式，并改善自己的身体状况。

即使在照料父辈和孙辈的负荷之下，也可以有选择地参与一些社会活动。如一位照料孙子的老人，保持了一种习惯："早上我什么都不管，我要出去锻炼。"每天早上，她都出去和老人们一起练拍手操，打羽毛球。到7:40时，孩子们该上班了，她就回去带孙子。以这种方式平衡自己的身体锻炼和带孙子之间的冲突。

有些家庭采取两位老人轮换的方式，一位老人隔天去参与社会活动，两位老人的社会角色均可保留，也可以转换照顾孩子导致的倦怠心理，保证在照料负荷减轻的时候，能够继续从事自己的爱好。有些异地漂泊的老年人失去了自己原有的爱好圈子，应该积极主动地寻求当地的社会群体，去参与当地的活动。例如，有下棋爱好的老年人，自然就会凑在一起，观棋看棋；有习练太极拳爱好的老年人，很快就能找到当地群体，一起练习。所以老年人一定要为老年生活留出社会参与的渠道，老年生活才能更加幸福。

老年人在社会参与的过程中要取得家人的理解。例如，传统观念认为：人老了就应该休息，享享清福，再去做这做那，是不合时宜的。做一位老年志愿者，有的人很不理解，又累又没有报酬的，图个什么呢？还不如在家闲着，无所事事的好。而真正参与到志愿服务过程中的老年人却不这样认为，他们在忙碌中找到了自身的价值，快乐而充实。媒体对于他们事迹的广泛介绍、推广和宣传，也引领了社会风尚。对于老年志愿者这一群体，社会上的人了解得很少，老年志愿者要参与到服务中需要克服传统观念的影响，取得家人的支持。

当然，随着生理机能的老化，老年人的免疫功能逐步退化，抵抗力明显降低，容易产生各种疾病，在社会参与过程中一定要量力而行。有些低龄老年人在社会参与过程中，出现了过分透支、加速老化的现象：有的脊背微驼，有的得了带状疱疹，有的因学习而长期久坐出现了骨质增生。老年人应当明白，即使身体没有不适应，老年人体力也在衰弱，一定要控制住劳动量、学习量，以不劳累、快乐怡情为主要目标，避免不必要的伤害。一位老龄工作者说，单位里60~64岁是老年人去世的一个高峰期。可见这个阶段老年人的身体呈现一个转折期，这个时期保养好了，可以为以后几十年的健康生活打下基础，积劳成疾则可能造成以后生活的困境和艰难。

第四章

低龄老年人健康生活方式的养成

第四章 低龄老年人健康生活方式的养成

低龄期（60~70岁）是人生的关键期，此时开展健康生活方式教育的效果最佳。"健康生活方式是指人们在身体、心理、精神与社会适应等纬度上处于良好状态的生活方式，它不仅是身心良好的生活方式，也是社会适应良好、摆脱虚弱体质的生活方式"。① 1992年世界卫生组织在《维多利亚宣言》中提出健康生活方式有四大基石：合理膳食、适量运动、戒烟限酒、心理平衡。老年人应体验和感悟其重要性，自觉遵循其要求，提升生命的总体质量。

第一节 简单与复杂：低龄老年人生活之分化

在传统乡村社会守望相助的背景下，"哪一家、哪一户发生什么事，很少不被传于邻里之间，因此任何有违社会正规运作，或者不符社会规范的事件，都将受到十手所指，十目所视，纷相指责"。② 而现代

---

① 付志华，赵孟炎. 全民健身背景下健康生活方式传播的价值与路径研究［J］. 体育成人教育学刊，2020（2）：51.
② 彭驾骍，彭怀真. 老年学概论［M］. 新北：威仕曼文化事业股份有限公司出版社，2014：291-292.

都市生活中,"大量移入的人口,高密度居住的环境及高密度的异质性是城市生活所形成的形态。人们的社交圈子越来越缩小,在时间就是金钱的前提之下,大家各忙各的,没有空向老年人家嘘寒问暖,更不必说经常问候。……在这种情景下,老一辈人的内心疏离感,也就不言而喻"。① 现代化所带来的社会变迁之下,原有稳定的乡村社会发生了巨大变迁,传统的生活样式式微,而新的生活方式千差万别,新的社会联结远未建立起来。老年人作为社会的弱势者,很快被甩到现代化视野之外,承受社会疏离的风险。社会转型期,简单和复杂共处于现代化转型过程中的老年人退休生活中。

一、简单的退休环节

对于大多数人来说,60岁就到了退休年龄,离开工作岗位,回归家庭。

从原有的发达的工业文明的流水线环节中脱离出

---

① 彭驾骍,彭怀真. 老年学概论[M]. 新北:威仕曼文化事业有限公司出版社,2014:292.

来，进入"没有固定期限的老年",究竟该怎样生活?一般退休3年以内的老年人,一部分找到了自我,明确了自己的生活方式;一部分经过3年的磨合期后,仍然未能找到自己的生活定位,表现为心理和生理急剧的消极变化和不稳定性。"这类老年人以男性居多,退休之后,生活始终找不到规律,心理始终处于波动的状态之中。"[①] 没有来得及考虑该怎样"老",就已经老了,是一种没有精神依托的"老"的境遇,生命陷入无所依托、无所事事之中。一旦传统的看护下一代的劳作不再被需要,老年人缺乏建构自己的生活支柱的能力,就会陷入多元发展的复杂可能性中,而这些可能性又决定着未来几十年的生命质量。

二、复杂的生存状态

与工作之时附属于一定的社会组织不同,退休之后,每个个体脱离组织的约束,分化为以家庭为单位

[①] 范明林,马丹丹. 老化与挑战:老年社会工作案例研究[M]. 上海:华东理工大学出版社,2017:7.

的个体。在享受充分自由的同时,也出现了茫然无措的现象。退休3年以内老年人的生活状态除了前述"老年生活的3种类型"中所讲的"随遇而安型""积极进取型""潇洒自如型"之外,还有"无所事事型"和"无事找事型"。

无所事事型:这些老年人退休之后就陷入不知道该干什么事情的无聊之中,有的甚至形成了不良嗜好,如迷恋上网、迷恋麻将、迷恋游戏等,久坐不动,累到颈椎腰椎增生;再如看电视连续剧成瘾,一天看十几个小时,直到眼睛患病,等等。这些老年人身体机能急速下降,疾病迅速缠身。不但给自己带来了麻烦,而且将整个家庭拖入"泥沼"之中,影响到两代人的生活。

无事找事型:这些老年人相对勤劳,习惯于做事,却没有找到适合自己的事情去做,往往做了不该自己去做的事情。例如,深度参与孩子的生活,把孩子作为自己精神的寄托。如张姓老人非常黏人,每天主动去女儿家中,做饭、打扫卫生,360°参与孩子生活。每天中午,做好饭,拍个图片发给孩子。一旦孩子中午有应酬,没回来,就十分生气,抱怨孩子不顾及自己的感受。孩子感觉如同坐了监狱一般，时时刻刻有人监视。还有的老年人表现为偏执于某事，如乱买保健品、与家人闹意见、总怀疑自己生病等。如某事业单位退休的赵姓老人，家里的保健品买了半屋子，谁都劝不住。儿子劝，就说"又不花你们钱"；战友劝，也不听。结果很快因吃保健品吃坏了身体，住进了医院。类似偏执的老年人或者遇到了骗子，或者养成了依赖于某人或某事的生活习惯。

退休前3年的分化是未来几十年生活的基础。"无所事事"和"无事找事"的老年人虽然占比较少，却是不可小觑的一类人，因其不但对自己而且对下一代人的生活构成一种威胁。这类老年人多数还没来得及思考怎样重构自己退休后的生活方式，就进入"无所事事"，或者"没事找事"的状态中。

在这种多元演进的状态下，谁担负引导任务呢？社区工作人员普遍认为：低龄老年人"抓"不住，他们都忙，往往什么活动也不参加；等到他们来社区的时候就已经是走不动、玩儿不了的高龄老年人了。社区组织娱乐活动、编织活动、烘焙活动，参加的多数是70岁以上的老年人，他们在外边跑不动了才来社区。但是此时老年人的思想和习惯已经形成,宛如列车已按固定的轨道、顺着"惯性"急速奔驰,此时"刹车"的干预收效甚微。长期以来,社区主要关注的服务对象是高龄、独居、空巢老年人,对于低龄老年人的服务并不重视。但低龄老人社会服务的重要性未受重视,无疑加大了未来社会服务的成本,也使老年人生活质量长期无法提升。社区关注低龄老年人,政府投资于低龄老年人,以健康生活方式为目标,以社区服务为主要形式,开展规范化服务,可以"未雨绸缪"地提高老年人的生存质量,减少老龄化带来的各种社会问题。

第二节 自悟与他悟:低龄老年人之教育方式

2019年,国务院正式发布了《关于实施健康中国行动的意见》和《关于印发健康中国行动组织实施和考核方案的通知》,成立了健康中国行动推进委员会,并发布了《健康中国行动(2019—2030年)》,提出了一系列旨在提升全民健康的行动计划,引导老年人提高健康素养,保持健康生活方式。但这些计划要真正落实，需要突破原有生活状态中的"自悟"教育，而走向与他人互动过程中的"他悟"教育，使老年人在有限的自然生命时间内通过引导和体验获得更多的生活经验，进而提升晚年的生命质量。

一、有限的自悟

"自悟"是通过自身的经验体悟、感受人生道理。笔者 2014 年以来访谈过一百余位老年人，有着良好生活状态的老年人，多数为照料过上一代人的人。在照料上一辈过程中他们感悟到生命的艰辛和不易，从而尽力让自己拥有健康的生活方式、自律的习惯，有意识地避免晚年失能失智导致的生命质量下降。有一位白姓老人，在照料母亲的过程中，发现母亲因为孤独就想着法子生事。最后设法送母亲到养老院，鼓励养老院里的老年人跟她玩麻将，解决了问题。

现在已经 60 岁的白姓老人感慨：

> 我都想好了，以后该交代的交代给后代，老了以后不给孩子惹事就行。真生病了，关于抢救不抢救，先问问有没有后遗症，有就算了；再问

问过程痛苦不痛苦，太痛苦也算了。老一代人不接受死亡是一个正常的过程，咱们这一代人不能这么认识了。谁都要走到那一步，很正常，别折腾，折腾儿女也折腾自己，能去养老院就去养老院得了。

另一位李姓老人说：

我不过我妈那样的日子。我妈那病，村里人就叫"懒病"（脑梗死），我妈就不爱动，我每天都活动着，老了该走就走了，痛快点。

类似的例子很多，所有的自悟都来源于自己和身边人的经历和体验，局限性较大，它意味着有的人能悟到，有的人悟不到。如此有限的"自悟"阻碍着更多老年人生命意识的提升。现代社会中老年人基本被局限在自己固化的生活圈子里，一些老年人因各种原因没有照料长辈的经验，缺失了体悟过程，他们随心所欲地走着，伴随着衰老，进入失能失智阶段。刚退休阶段，给予老年人积极的引导，能够减缓问题的发生和发展，增加老年人和老年人家属应对的积极性和主动性。

二、无限的他悟

"自悟"受限于自身的生活经历、交往范围;而"他悟"是社会化引领的一部分,是为老年人开发的社会服务工程。2003年世界卫生组织编写的《积极老龄化政策框架》援引美国疾病控制中心的研究成果:"据估计投资一美元鼓励适度体能活动,可节约3.2美元的医药费。"[1] 由此可知,在生命各阶段进行干预,创造支持性的优良环境和促进健康的选择是很重要的。世界卫生组织认为,教育与干预措施为"通过强调社区作为干预的一个关键基地,采取以社区为基础的办法解决问题"[2]。在此服务过程中,老年人走出家庭,在专业人士引导下,逐渐领悟"老"是什么,如何合理地安排"老"后的生活。社区社会工作者以专业人员的身份作为引领者,创建教育方式,

---

[1] 世界卫生组织. 积极老龄化政策框架 [M]. 中国老龄协会,译. 北京:华龄出版社,2003:55.
[2] 世界卫生组织. 积极老龄化政策框架 [M]. 中国老龄协会,译. 北京:华龄出版社,2003:10.

推进志愿者参加,以形成社区老年人自我教育的滚动式教育方式。老年人分享他们的经验,实现更多老年人生命的觉悟。因其受益人数多和内容的丰富性,终将惠及所有老年人,并推动老年人作为社会资源,动员自身力量,开展自我教育,以消除"衰退""退化"和"丧失"等消极的老年形象,以"健康"和"参与"重塑"积极老龄化"的自我形象。

第一,主题教育。由社区或社工组织引领,第一环节,以公益主题教育为主。第二环节,以参加者互动为辅。在互动环节,设立"我的生活我知道"和"我的生活我做主"两个环节,前一个环节分享"我的一日生活轨迹";"我的生活我做主"环节,每个人写下自己想过的生活或者生活的目标,然后,主持人汇聚起来,分成几个类别,引领大家分享并解释自己的目标。第三环节,主持人带领大家分享感悟,修正不正确的生活方式。最后,大家讨论选举"生活健康星"。通过主题教育,强化认识,促进学习目标的达成。

第二,实践领悟。主要内容为带领老年人参与养老院服务。该活动立足于每一个老年人都应当去养老院做一次志愿服务活动的理念，敦促老年人感受和体验失能老年人的艰辛和无助，从而反思自己的生活方式和生活习惯，产生思想上的改变。老年人在进入养老院服务的过程中，触动很大，一般在回程的路上就会反思自己的行为，并随后产生思想上和行动上的变化。

▲看似做服务，实际被服务

第三，互动领悟。组织"照顾者分享会"，将社区照顾压力较大的老年人作为一个群体，组织低龄老年人帮助这些照顾者，并由照顾者分享他们的照顾经验和人生体验。老年人之间互相教育平时就存在，主要通过"身边人谈身边事"形成。将低龄老年人与照顾者结合起来可以扩大影响，促使低龄老年人发挥自己的潜能和优势，在活动中观察和体悟不同生活方式的优劣，并反思健康生活方式之所在。同时培育老年人志愿者"领袖"，促使老年人主动发起"照顾者关爱活动"，创立社区共融的形象，增加老年人的自信心和自豪感。互动领悟的过程可以带领老年人挖掘生命的意义。

主题教育、实践领悟、互动领悟这三个步骤将社区低龄老年人养老服务整合为三个部分，共同指向一个目标，即通过改善老年人的认知，进而改变其生活方式。多种方式组合的老年教育有利于达到引导老年人观念的目标，进而更大限度地增加老年人的生活幸福感。因此，老年人退休向社区报到之初，就应该被纳入社区服务中，参与体验式教育，重建老年人的社会支持系统。比放任老年人自主选择生活方式，到重病后再将他们列为关爱服务对象要主动积极得多，也更能达到老年人生命质量提升的效果。

第三节 追踪与干预：生活方式转变之约束

2019年国务院印发了《关于实施健康中国行动的意见》，提出了"全民健康素养水平大幅提升"的宏观目标和具体考核指标要求。在这种情况下，集中行动力量，以社区为基础，联结社区医疗服务中心共同参与，对老年人群进行生活方式追踪和干预具有重要意义。它可以使生活方式不合理的老年人，早期受到监督和指导，督促其改变不良的生活习惯，避免晚年生活质量的下降。

一、社区追踪

国内许多社区开展了针对老年人的身体检查，但检查结果并未得到有效运用，并未形成健康生活方式的社区追踪、早期干预机制。借鉴国外经验，社区应设立探访"隐蔽长者"的关爱服务项目，负责组织社区内老年人作为志愿者去探访和关爱社区中生活内容较单一、出门时间少、交际活动少的老年人。对于明显有生活方式问题的老年人，一人一策，设法使其改变。社区公益服务项目由政府购买服务，社会组织承接服务，社会组织与社区合作开展服务，服务目标为改善"隐蔽长者"生活状态，重构其社会支持系统。

二、社区干预

（一）通过社区老年人自组织干预

以老年人自组织的形式鼓励和促进老年人自我干预。老年人自组织的形式很多，自发形成的睦邻坊、志愿服务队等组织就是自组织的一种形式；各种兴趣娱乐爱好组织，如广场舞组织、太极拳组织、唱歌组织、乐器组织等也是形式多样的自组织。多数低龄活跃老年人，通过自组织结成了紧密的人际关系。自组织在一定程度上关照着群体内的老年人生活，促进了老年人的社会参与和人际关系的建立，起到了社会干预的作用。

（二）通过社区社会组织干预

个别从不参与社会活动的老年人，需要社区识别并重点干预，也就是社区介入。社区介入可以促成社

会组织的发育,如北京市西城区广外社区的志愿服务队在社区的扶持下创立了金色阳光协会。主任说:

> 成立组织之后,有了活动经费,我们凝聚了整个社区十栋楼的睦邻坊,每单元有一定的探视病人费用,并确定一个接待户,以每户2元的茶水费用,建立了固定的一月一次的邻里聚会,这就把整个邻里的住户全部纳入了新型邻里关系之中。

发展为社会组织之后,社区志愿者的积极性提高了,社区识别出的重点人员交由社会组织重点跟踪,活动也更加规范。

(三)通过大众媒体宣传干预

在互联网兴起后,电子信息的发展使得教育更加便捷。短消息、短视频、小节目等便于传播的信息在平台上发布或者群发给社区成员,在一定程度上能形成一种"大水漫灌式"的宣传干预。例如,某社区利用宣传栏、展板开展健康生活方式教育宣传。在社区网络平台开辟专门栏目进行老年健康知识宣传,另外还组织社区成员发放有关资料,编演节目,开展形式多样、丰富多彩的宣传服务活动,以扩大健康教育的影响。

三、社区健身设施的建设

改革开放以来,健身场所与健身器材的建设已经发生了很大的改观,但是仍旧存在着游泳馆、网球场、乒乓球馆、篮球场等健身场所不足的现象。加大社区健身设施的建设,可以把"宅"在家里的老年人吸引出去,减少其患病风险。

由于社区老年教育与其他年龄段的教育不同,具有反复、需要长期跟踪的特点,因此社区在"增强自我主动健康意识,不断提高健康管理能力"方面应该发挥重要作用。加强跟踪管理,推进老年人健康管理意识的提升,实施有效的社会追踪与干预措施,减少个人盲目选择所带来的社会风险。同时,低龄老年人树立健康意识,挖掘自己的兴趣爱好,主动参与到社区活动中,亦可催生出新的社会状态,那就是低龄老年人自身成为推动健康生活方式养成的一股力量。

第五章

中龄老年人的健康维护与心理关爱

70~80岁的中龄老年人，已经不再年轻，已经从生理、心理和社会多个方面感受到了"老化"速度的加快。在生理上，身体的各项功能下降，骨量丢失、皮肤松弛、心肺功能下降，身体抵御风险的能力明显降低了。在心理上，虚弱感增加，自我效能感降低。在社会上，需要更多的协助，如购物、就医、家务等。这一阶段老年人的中心任务已经转至维护身心健康方面，为此要精心管理自己的身体，尽力摆脱忧愁和孤独，维护心理健康，在充分使用社会服务的基础上，尽可能地保持生活自理能力。

第一节 中龄老年人的身体健康维护

我国拥有世界上规模最大的老年人口。中龄老年人如何保障自身安全，过有质量的生活呢？这是每一个老年人都需要认真思考的问题。

一、谨慎维护身体健康

步入中龄期，老年人面临的危险因素增多，一有不慎，都有可能造成严重后果。此时需要提高保护自己的意识，心理上要接受衰老的事实，逐渐放慢生活的节奏，小心翼翼地维护自己的身体健康。如一位老人所说：

> 我和老伴一个75岁，一个74岁了，不得不服老。过年收拾家，忙活一天收效甚微。针对这种情况，我们制定出一套"慢生活"的对策，既要干活，还不能累着自己。出门购物拉上便携式拉杆车，不可一手使劲提东西，记着保护自己的腰。扫尘、大件物品的洗涮，等孩子们回来再弄，阳台也雇人来擦。邻居老爷子，登梯子拿东西，一个不注意滑下来，摔断了脊椎骨，瘫痪在床，令人扼腕叹息。老年人对于力所不及的事情，即使不做也不能逞强。要学会给生活做减法。凡事不能给自己太大压力，不定可望而不可及的目标，也不干超体力负荷的事情，做事遵循适时、适度、适合的原则。以前社会兼职比较多的，适当减少；以前锻炼身体力度比较大的，逐渐减轻。因为这个时期已经不是"逞强"的时候了，要学会把动作慢下来。这个年龄段，精心

维持和维护身体健康,还免不了出问题,何况不精心呢?

这位老人以朴素的语言说出了老年人面对衰老应该有的心态,核心就是"老了,就要保护",以"保护"的心态面对老年,遇到风险的概率要小,即使遇到风险也容易化解。

(一)防范生活起居中的危险因素

老年人年龄不断增长,生活起居的方方面面都要注意。

第一,起床要慢。起床时先躺在床上闭目养神几分钟,再缓缓坐起,稍停两分钟再站起。

第二,防止滑跌。跌倒是老年人的"头号杀手"。老年人家庭可以做一些适老化改造,如更换防滑地板砖,安装扶手,厨房案台换成适合老年人身高的案台,晚上手边要有台灯或者地灯,避免摔跤。弯腰捡东西、抬手够东西时动作也要尽量慢。有一位75岁的老奶奶,一出院门就发现一辆公交车驶过来,想跑几步赶上这趟车,结果一不留神,绊倒了,大腿骨骨折,静养了三个月。在这三个月中,血脂升高,引发了腿部血栓,从此坐上了轮椅。这是前车之鉴,老年人无论在任何情况下,都不要着急,放缓速度,放慢频率，从容生活。

第三，饮食要淡、慢、温。老年人饮食以清淡为宜，要少油少盐少加工，不要吃太咸太油腻的食物，少吃辛辣油炸食品，避免引发高血脂、高血压等病症。老年人肠胃功能较弱，饮食一定要注意，不仅要吃得有营养，还要注意饮食的量。即使喜欢吃，也不要过量。老年人还要注意晚上不要吃得太晚。吃完就睡，会给肠胃增加负担，因此晚饭尽量早吃，减少肠胃疾病的发生。

第四，注意食品安全。这一代老年人普遍保持着简朴的生活习惯，经常什么便宜买什么，也不会将剩余的菜倒掉。一位老人说：

> 我每次去菜市场买菜都选择比较便宜的蔬菜瓜果，这些便宜的都是品相不太好或者受过伤的，之前自己不太在意。后来听了一个大夫的讲座，才发现原来吃了变质的东西这么危险，之后我尽量买新鲜的蔬菜，吃多少烧多少，宁少勿多，尽量不剩菜，节约又安全。

第五，注意用药安全。老年人需要常备各类药品，平时头疼脑热的小病自己凭常识用药，部分老年人眼睛看不清小字，常吃到过期药品，危害身体健康。有的老年人还会听电视广告上宣传的效果，买药回来用，结果没啥效果。有位老人说：

> 看电视广告买的治疗腰疼的膏药，五百多元三盒一个疗程，贴着感觉也没啥大用，还贴出了一身红疹子，也闹不清是人家药不好还是自己不对症。还有一些平常头疼感冒就好几种药一起吃了，药瓶上的字小，过不过期也看不到，总是感觉这不是啥大事。

这位老人就是典型的"非科学用药"。老年人的身体比较脆弱，感冒引起的发热都可能将身体击垮。所以，即使凭常识用药也要非常谨慎，一旦发现用药无效，应该果断去医院，按照医嘱治疗疾病。

第六，注意家中水电煤气的开关。人老了记性不好，容易忘记关电源燃气开关。为了安全，老年人要养成习惯。例如，煮饭时离开厨房，要上闹钟定时；出门的时候，门口写上警示语：关电、关水、关煤气；充完电之后，拔掉充电器；太阳能淋浴器人工上水时，不可离开人；定期找人更换家里的电线、电器开关，厨房里的废旧纸箱及时清理，防止火灾的发生。

第七，注意交通安全。老年人身体的灵活程度下降，反应变慢，应严格按照交通指示标志行走，不可贪快贪近，以免出危险。一位老人说：

> 我曾经买东西回家过马路时，因为有点走不动了，看见路上也没车，就没有多走一段路到前面路口的人行横道过马路，直接从中间的绿化带穿过去了。穿马路的时候我看没车，刚穿过，就有一辆车过来，幸亏司机反应快刹住车了，要不我就危险了。我是真的后怕，从这之后再也没有过马路不走人行横道了。

（二）积极进行居家适老化改造

"适老化改造"是指根据老年人的行为习惯、身体状况、心理特点等进行个性化设计改造，以形成适应老年人需求，符合老年人生理和心理特征，配置相应辅助设施的适宜老年人使用的居住环境。例如，防滑卫间、安全扶手、夜间灯光、电梯等，都属于适老化改造。适老化改造可以提高老年人居住环境的安全性、无障碍性和整洁性，从而降低跌倒、失火、煤气中毒等意外事故发生的概率。

2020年9月，民政部、国家发展和改革委员会、财政部、住房和城乡建设部等9部门联合印发《关于加快实施老年人居家适老化改造工程的指导意见》，明确提出加快培育公平竞争、服务便捷、充满活力的居家适老化改造市场，引导有需要的老年人家庭开展居家适老化改造。北京某养老产业投资有限公司总经理鄂某说：

> 这是养老产业的一片"绿海"。老年人最大的危险在于摔倒。据统计，65%的老年人失能是由于摔倒，而摔倒的主要原因是环境因素，如路面湿滑、有坡坎、无扶手等。适老化改造可以降低老年人居家风险，延长老年人活力周期，减轻照顾者负担，增强老年人安全走出家门的能力。

参与适老化改造的老年人也获得了良好的生活体

验。一位参与了老旧楼房加装电梯的老人说：

> 以前，每天上6楼是一件费力的事，上去下不来，下来上不去。政府补贴30万元，我们凑了15万元之后，加装了电梯，上下楼可方便多了。

类似这种运用公共政策，推进生活品质提升的措施宜及早采用。

（三）做好情绪与心理管理

进入中龄期的老年人都会有这样的感受：稍微与平时不一样一点，就容易不舒服。例如，今天来了客人、今天出门了，甚至孩子们回来一趟自己干活多了，都会导致身体的不舒服。老年人在这个年龄应该多爱自己一点，"以自我为中心"一点。一位75岁的老人对儿女说：

> 你们过来了，我和你妈也做不动这么多饭了，你们自己买菜自己做，你们做啥，我们跟着吃点啥。

老人直接说了这话,儿女过来的时候就考虑了饭菜问题。老年人给自己留点空间,问题反而少一点。自爱绝不是自私,唯自爱才能爱人。① 老年人要尽量明白这一点,自己健康,才是儿孙快乐的前提。

生活中有一些事情和自己预期的不一样,遇到这样的事情,老年人不可动气。老年人一动气,就是对身体的一次刺激,此时心跳势必加快,高血压、心脏病等潜在疾病随时可能发作。所以老年人应随时提醒自己平心静气。中医讲,"喜伤心、忧伤肺、思伤脾、恐伤肾、怒伤肝"。凡是波动过大的情绪都会造成伤害,所以要将事情看开,"大事化小,小事化了",名利、爱恨、得失,都是尘土。人到老年,情绪平和、不管闲事、不操闲心,有问题让孩子们自己解决,自己照常吃饭、睡觉。再者,多做好事,自己能做到的事情,不麻烦别人。一位79岁高龄的老人坚持自己买菜、做饭、洗衣、打扫卫生。虽然也可以让子女做,但一开了这个头,自己就做不了

---

① 彭驾骍,彭怀真. 老年学概论 [M]. 新北:威仕曼文化事业股份有限公司出版社,2014:219.

了。考虑到这点,老人坚持自己做,儿女说起自家老人十分敬佩。老人赢得了子女的尊敬,自己也获得了价值感。

二、与疾病为友

老年人的身体生病,就如同家里来了一位"不速之客",余生的日子里,可能一直都要和这个"不速之客"打交道。你可能很讨厌它,却无法驱逐它,何不与其为友呢?通过一些举措,尽量使它安稳,减少它的打扰,获得较高的生活质量。老年人要明白,自己要时时刻刻照顾着这位疾病"朋友",你怠慢它,它就造访你;你照顾它,它就悄悄待在那里,不给你找麻烦。换一种心态,人生可能从此不同。与疾病为友,就不会被疾病折磨得痛苦万分。

(一) 听从医嘱,管理慢性病

无论什么疾病,都应当听从医生的嘱咐,按时吃药,遵守饮食限制,养成良好习惯。例如,对于老年高血压患者来说,定时吃药、检测血压是非常有必要的。但是偏有一些老年人不遵守。一位老人患高血压,血压高了才吃药,低了就不吃药。不讲科学,自以为是,反而造成血压不够平稳,危害心脏健康。

糖尿病患者要进行严格的自我管理。一是饮食管理，每天控制饮食摄入量，水果尽量只在两餐之间少量食用。一位长期在护理行业工作的护士长得了糖尿病，她利用自己的医学知识，控制得非常好。她分享自己的经验时说：

> 早上吃饭时，主食少一些，饿了就再补上一块饼干什么的；中午也是，二两，不能多，到下午再补点水果；晚上临睡前喝一杯奶。不能让血糖太高了，高了就不好降低了。但是也不能不吃，那就营养不良了。要勤吃、少吃，这样才能控制好。

二是血糖管理。餐后血糖、空腹血糖都要定期测量。

三是糖化管理。定期查糖化血红蛋白，控制在正常范围内。

为了更好地管理慢性病，老年人一定要注意学习医学保健知识。多看书，对于人体构造与功能、体育运动、食疗、生活习惯、保健按摩、心理健康等要有比较全面的了解。做到有病不害怕，也不漠然处之。要全面了解自己的身体状况，综合分析自己的问题，摸索其中的规律,思考解决问题的办法和措施。一旦认识到什么是应该做的,就长期坚持下去;一旦认识到什么是不应该做的,就立刻停止。坚持好习惯才能控制疾病的发展。

(二)认真思考,精心呵护

有些老年人得知自己患上某种疾病后,非常担心,经常会听信互联网广告、电视导购,甚至一些无良商家的话语,尝试新的治疗方法,或者购买高价保健品,陷入盲目之中。例如,有一位老人看了短视频,误以为"辟谷"疗法可以治好肠道疾病,于是开始自己断食,结果晕倒被送进了医院,非但没有治好病,反而伤害了身体。类似的案例还有很多,由于现代知识传播的多元化,老年人缺乏判断力,特别容易上当受骗。一位老大爷,买了半屋子的保健品。儿女劝说他别买了,老大爷怼回去,说:

我又不花你们钱,你们别管我。

战友劝阻,他反驳:

我哪怕多活一个月呢。

谁劝都不听，结果，三年之后，住进了医院。

老年人被人忽悠，上当受骗，伤害了自己，也影响了家人的生活。

老年人的身体自己最清楚，对别人有用的治疗或保健方式，对自己未必有用，老年人要判断各种信息，思考怎么做最好。一位70岁的老人从外地探望亲友回来，旅途劳顿，经常心脏不舒服。于是自己学中医，翻医书，看了张仲景《伤寒杂病论》的方子，觉得对症，于是抓了药，吃了果然见好。这样的人就是用心思考，精心呵护身体的人。这位老人现在还自学中医，常常给家人提一些治疗建议。

反之，一些老年人非常担心自己的疾病，频繁换医生、换药物，治疗没有延续性，对身体并不好。自己要认真思考疾病的原因是什么，怎样针对性地改进，以生活方式的改变来寻求病情的缓解。

三、优化健身方式

无论是红日初升的清晨，还是夕阳西下的傍晚，在小区和街道的"健身场"都能看到不少老年人在进行健身锻炼。但中龄老年人有别于低龄老年人，中龄老年人的身体在逐渐衰弱，一定要谨慎选择和优化自己的健身方式。

（一）不宜做强度很大的运动

年轻时期，运动强度大，运动量大，能达到健身的目的。年老之后，爆发性的运动可能造成血压升高、心率加快、心肌缺血缺氧，不利于身体健康，所以老年人要控制运动的力度和强度。例如，不长时间地跑步、游泳、跳广场舞等。有位老人每天跑步10公里，身体非常好，到70岁的时候，膝关节出现了问题。这就是消耗过大所致。有位老人游泳时间过长，心脏负荷太大，诱发心肌梗死。有位老人长时间跳广场舞，导致膝关节疼痛。这些案例都提醒老年人一定要适当控制运动时间和运动强度，以保护身体器官。

（二）贵在坚持

老年人健身最重要的是选定合适的健身方式并持之以恒地参加锻炼。为了形成习惯，要和大家一起锻炼，建立一个朋友圈，彼此监督，彼此鼓励，避免偷懒懈怠。

(三) 选择适合于老年人的体育运动

老年人选择健身项目时需要考虑：在老到不能出门的时候，还能做得动，如太极拳、静坐调息、按摩、八段锦等。不依赖他人，只要有一块空地，在家就能够锻炼身体。

1. 太极拳

太极拳是中国传统武术文化的精华，非常适合老年人锻炼。长期习练太极，脸色红润，身体轻盈有力。但是有一些老年人有畏难情绪，一说练太极拳，就说"我年龄太大了，学不会"。其实这是借口，只要愿意学，无论什么年龄都能学会。有一位老爷爷80岁的时候开始学习太极拳，至今已经打了10年太极拳，现在90岁，自己独立居住，除了听力有点问题，身体各方面均很好。学习太极拳，心态不能太急，慢慢学就能学会。有人说打太极拳腿疼，不能练。好多人在练习太极拳的初期确实会发生腿疼现象，这是因为动作不规范所致，不是太极拳本身的问题。只要多请教，多观察，动作规范之后，腿疼自然消失。一旦学会了这项运动，气息畅通，神清气爽。

▲只要开始学,啥时候都不晚

2. 静坐调息

老年人静坐调息,做些呼吸锻炼,有益于身心健康。静坐最好觅一安静之处,两腿盘起,左手安放在右手上面,两拇指相拄,心情放松,采用自然呼吸。方法如下:

(1) 呼气时,脐下腹部收缩,横膈膜向上,胸部紧窄,肺底浊气可以挤出。

(2) 吸气时,从鼻中徐徐吸入新鲜空气,充满肺部,横膈膜向下,腹部外凸。

(3) 呼气吸气,均要自然,渐渐细长,达于下腹。

(4) 呼吸渐渐静、细,出入细微,反复练习,久之自己不知不觉,好像无呼吸的状态。初学的人,切不可有意去求，必须顺其自然，以宁心静气为主。

3. 八段锦

八段锦是中国传统导引功法。所谓导引，导的是气，引的是体。体，形也，用运动的方法影响人的气与形，使人体达到气和、形柔的状态。《三国志·魏志·华佗传》有载："动摇则谷气得消，血脉流通，病不得生，譬犹户枢不朽是也。"强调了运动养生的重要性。通过肢体运动与呼吸的协调，调节身体、调整呼吸、调理心态，从形、神两层面保养人体的健康。其中"五劳七伤往后瞧"，五劳伤身，七情伤心，通过这一动作，使得两侧颈部肌肉收缩、舒展，同时刺激颈部大椎穴，神志清醒，脏腑气血通畅。"摇头摆尾去心火"，这一式改善心烦失眠，情志不畅。"攒拳怒目增气力"，怒目、瞪视可清心除烦、气血平和。邓铁涛教授对其评价：八段锦属于内功，内功用意不用力，以意为主，以意为引，以气运肢体，不偏不倚，不会耗伤气血，持之以恒，则可获长寿。通过运动与思想相结合，平衡协调情绪和精神状态，促进身心健康。①

4. 瑜伽

近年来，瑜伽逐渐成为老年人热衷的项目。但也有一些老年人一听说瑜伽，就说："我身体太'硬'了，练不了瑜伽。"其实，练瑜伽不是因为身体柔软才去练，而是因为身体僵硬了，才需要练习。拉伸、扭转、力量，给人以身材的挺拔和精力的充沛。习练瑜伽能改变人的体型、气质、精神等。瑜伽冥想让人静下来，愉快起来，进而向内关心自己的身体，有助于改善老年人的睡眠。

5. 步行

老年人保持一定的步行量，有利于饭食的消化和身体器官的活动。除饭后半小时以内不宜步行外，其余时间均适于步行。步行速度因人而异，以自己感到舒适为准，每次不宜时间过长。步行场所可以根据条件，选择空气清新、环境安静的地方。步行时，步履宜轻松，精神宜从容和缓，沉心静气。腿脚不便的老

---

① 滕博，王轶蓉，董宝强. 基于"身心同治"理论探讨八段锦对疾病的影响［J］. 实用中医内科杂志，2021，35（4）：3.

年人，拄杖行走也可达到锻炼目的。

第二节 中龄老年人的心理健康维护

世界卫生组织对健康所下的定义是："健康是一种身体上、精神上和社会活动上的完美无缺的状态，而不仅是没有疾病和痛苦。"[①] 老年人70岁以后，由于身体日渐衰弱，与社会的联系越来越少，越来越多地独自待在家庭的狭小空间里，非常孤独，容易患上精神疾病。老年人只有主动走出去，寻找自身的乐趣，才能摆脱精神上的孤独状态，保持躯体、精神及社会适应能力的正常状态，获得身心健康。

一、中龄老年人的心理问题

老年人的心理问题很容易被忽视。每当老年人睡不着觉，情不自禁地忧虑、担心、焦躁不安的时候，家人往往认为是老年期的正常反应，而不去治疗，为

---

① 世界卫生组织. 世界卫生组织成立宣言［R］，日内瓦：世界卫生组织，1948.

此老年人痛苦万分。所以，无论什么年龄段，只要出现明显的精神疾病症状，如失眠、敏感、脆弱、自卑等问题，都应该重视，及时到医院就诊治疗，以维护身体健康。

（一）老化伴生的大脑变化

人在老年之后，身体的所有系统都在变化，神经系统的衰退反映在心理层面，就是简单化的倾向。神经系统的衰老早在25岁就开始了，随着年龄的增长，人们逐渐出现记忆力减退、注意力不集中、失眠、容易疲劳、视力和听力下降等现象，这些都是神经系统衰老的表现。到75岁，一些老年人还会出现脑萎缩或脑梗死现象。伴随着大脑的变化，老年人的性格也会发生变化，"以自我为中心"是这种变化最显著的特征之一。有的年轻人会觉得自己家里的老年人"越老越自私"，根本不管别人，只关心自己。看电视把声音开得很高，也不管别人正在睡觉；吃东西一点不将就，稍微不如意就发脾气，乱扔东西，还打人。这是老年人的神经系统功能下降的反应，老年人不能同时考虑到两件事情，就会在一件事情上纠结，或者倔强地坚持一件事情，表现为"我要怎样就必须怎样"，这种现象是身体老化伴生的心理表现。有的老年人出现了被害妄想，很固执地认为某某要害自己，每天把门关得紧紧的。子女觉得没什么，其实这是精神疾病的早期反应。

(二) 身体衰弱引起的惧怕感

伴随着身体的衰弱，老年人会觉得好多事情都力不从心。例如，打车对于年轻人而言是一件非常容易的事情，但70岁以上的老年人却发愁打车。路边打车，觉得司机会欺骗老年人；手机打车，又不知道该怎么操作软件。有人上门看望，会惧怕是推销的商人而不敢开门。伴随着身体的衰弱，有的老年人连基本的社交都会中断。一位72岁的老人说："我一般不出去了，因为耳朵听不见，说话说不清楚，还说着说着就忘记说啥了。跟年轻人说话，我怕人家笑话。"这种心理之下，老年人的社会隔离日益严重，失能程度也会迅速发展。有的老年人对于家人也开始有了戒心，一位老人总是埋怨女儿给自己吃剩饭，女儿很委屈，说："每天给她的饭都是新做的，可是她偏偏向别人说闺女给她吃剩饭。越孝顺她吧,她越说我。"其实,年轻人理解了老年人老化带来的恐惧感也就理解了家里的老人。

伴随着年龄的增长,老年人对于养老的担忧也日趋严重。一位老人有三个孩子,可是孩子都到了国外。她忧心忡忡,对社区干部说:"我怎么办?我怎么养老?我不想去那儿(养老院),以后就靠你们社区了。"她一方面焦虑养老,一方面又不适应社区生活。每当社区搞一些活动的时候,她又觉得没意思,推说身体不好,不去参与。这位独居的老人一旦身体不适或罹患疾病便会惴惴不安,加上行动不便、就医困难,更加忧虑担心病情发展,往往会产生濒死的恐惧感。

(三)经验固化形成的固执状态

老年人经历了许多事情,常以以前的经验来考虑现在的事情,固执己见。例如,劝说老年人吃药,老年人不吃;告诉老年人应该去锻炼,却不去;让老年人雇用保姆,也不听;让老年人丢掉旧东西,偏不丢;甚至如果告诉老年人他说得不对,他就不承认自己说过……导致老年人固执的原因有以下几点:一是接受的新鲜事物少,缺少应有的刺激,因而大脑和神经系统的敏感度和反应速度明显减退,脑细胞缺乏活力;二是老年人与周边环境欠融洽,处于脱节和紧张状态,自然而然地变成了实际生活中"不受欢迎的人";三是老年人因其虚荣心和自尊心的驱使,与社会疏远,离群索居,难免产生寂寞感、孤独感和失落感;四是由于病态心理障碍,往往把家庭中发生的小事看得过重,长期挂在心头,得不到及时排遣消除,内心郁闷烦躁,缺少生活乐趣。①

(四)角色改变造成的失落感

老年人进入中龄老年期之后,社会角色丧失、收入减少,还会由于失能、多病、丧偶而导致家庭角色丧失,失落感成了老年人晚年生活中常见的心理现象。主要表现为:一是社会角色的失落。从一种节奏快的团体社会工作转入平缓松弛的家庭生活,容易产生挫折感、空虚感、失落感。二是社会关系的失落。社交范围越来越小,往往会在内心产生一种被社会遗

---

① 冀侠. 精神赡养,可帮老人克服固执心理 [J]. 老同志之友,2011(02):60.

弃的感觉。三是家庭地位的失落。社会地位高、社会关系广泛的人，受到家庭的尊重。当步入老年后，家庭成了他们的活动中心，原来的社会地位丧失，会感到家庭地位的失落。四是价值观的失落。退休后的老年人因工作目标造成的失落就是一种最直接、最现实的价值观的失落。①

二、中龄老年人保持心理健康的方式

现代心理学认为：人既有生理年龄，也有心理年龄，一般人比较容易注意到生理年龄，忽视心理年龄。心理上的变化与生理变化和人的社会关系密切相关，老年人应注意锻炼身体，扩展人际关系，学会转换角色，形成健康心理。

（一）保持健康的生理功能

老年人的认知功能决定了老年人的社会功能和生活质量。老年人认知功能正常表现为：感知觉和定向力（即对时间、地点、人物及自身状态的认识能力）

---

① 秦谱德. 试谈老年人的失落感与调适［J］. 晋阳学刊, 1993（4）：42.

正常；记忆力正常，除良性遗忘（对事件的某些细节准确回忆存在困难）外，不出现明显的记忆损害；思维逻辑清晰，做事果断，具有准确的判断力及决策能力；具备一般的生活能力和社会常识，并能及时更新保持平和的心态。老年人健康的生理功能是心理功能正常的基础，老年人对于生理的老化应有比较清醒的认识，知道自己已然衰老，遇到事情打个电话问问年轻人，不要怕麻烦。一旦出现记忆力损害，就要防范走失和上当受骗。

（二）保持平和的心态

人到老年，生理功能下降，躯体疾病增加，保持平和的心态更为重要。但有些老年人不以为然，总觉得自己和年轻人一样。例如，一位老伯伯参加了骑行队，每天和年轻人一起骑行四五个小时，半年之后爆发了腰椎疾病，行走困难，严重影响晚年生活。还有一位老人喜欢滑翔，一天连续三次在山坡上滑翔，极度疲劳之后发生事故，摔到了山涧中，抛妻别子，猝然离世。所以，勉强做力所不能及的事情，就可能发生悲剧。老年人应不攀比、不自卑，顺其自然，能做则做，不能做则放手，要知道保护自己比逞强重要得多。

时代在变化，解决问题的方式也在变化。老年人不可固化自己的经验，要保持心态的平和，与年轻人多商量，注重自我调适，陶冶情操，克服虚荣、孤僻、自傲等缺点，控制自己的情绪冲动，寻找更多的生活乐趣，养成接受新鲜事物的良好习惯。家庭中的后辈儿孙，应注重精神赡养，多去看望老人，关怀抚慰老人。有位70岁的老母亲，打电话给自己的儿子，说自己身体哪儿都不舒服，要求儿子回来陪伴看病。儿子回家之后，带着老母亲去医院检查了一圈，也没有检查出来疾病。其实老母亲只是需要儿子陪伴，这带给她一种满足感。子女如果冷落了老人，老人经常会通过另一种方式给子女"找事"。子女一定要协助老人找到他们感兴趣的事情，给予他们引导、体谅、热情和关怀，避免他们无所事事。他们能安度晚年，子女也能心安。

(三) 人际关系融洽

和谐的人际关系可以增加人们相互间的沟通交流，

使老年人获得归属感，进而获得感情上的温暖和愉快，消除孤独感。① 既然良好的人际关系对老年人心理健康有着重要影响，那么如何处理老年人际关系就显得十分重要。老年人要克服心理障碍，讲求科学方法，学会换位思考，才能建立起和谐的人际关系。

曾经有这样一个故事。一位高校学生到一位老人家里做志愿者，为老人收拾屋子，打扫卫生，老人下地时不小心摔倒骨折，反诬学生将他绊倒，告到学校。学校为他看了病，找了一家养老院养伤。到了养老院之后，无论谁与他住在一个屋里，他都与人吵架，半年后把所有养老院的老人都吵烦了，没有人愿意与他同住。恰好他的骨伤痊愈，学校让他回到家中。但是自此之后，学校再也没有在那个社区开展志愿服务，志愿者也不敢到那个社区上门慰问老人了。这位品行不端的老人将一个社区的老年人关爱服务切断了，他也生活在社区居民敌视的目光中。这个案例也启示老年人，友好的环境需要自己建设，对待他人

---

① 肖健，王炳德. 人际关系与老年人心理健康［J］. 中老年保健，2000（8）：5.

的态度实际上就是对待自己的态度。

老年人退休后，有充裕的时间尝试新生活，创建新的人际网络。如去老年活动中心、老年大学，参与体育锻炼，参与电视广播节目，利用网络交流，这些都为老年人提供了机会。老年人应适应社会的发展，适应新的生活方式，建立融洽的社会关系；同时与家庭其他成员建立一种平等、民主、和谐的家庭关系，获得大家的理解和尊重。

（四）保持健全人格

进入中龄老年期以后，身体逐渐衰弱，内心情绪的稳定是健全人格必备要素。杨绛说："我们曾如此渴望命运的波澜，到最后才发现：人生最曼妙的风景，竟是内心的淡定与从容。我们曾如此期望外界的认可，到最后才知道，世界是自己的，与他人毫无关系。"老年人要以这样的生活态度对待世界和人生，听取他人意见，不固执己见；控制自己的行为，在悲痛时能找到发泄的方法；遇到困难时，能沉着运用自己的意志和经验加以克服；保持能力、兴趣、性格与气质等各个心理特征的和谐统一，建立健全的人格。

三、积极运用社会资源

老年人要擅于利用社会资源,缓解自己的孤独和寂寞,从各种活动中寻求乐趣,寻找朋友,获得社会支持,避免心理危机的发生。

(一) 社会网络建构

老年人的社会网络主要由家庭和亲友构成,老年人要与家庭形成和睦的关系,同时扩大社会交往范围。假如一个人一年都没有认识新朋友,这就意味着社交萎缩,而社交萎缩意味着能力的减退。老年人要常常走出家门,参与各种活动,与老朋友常联系,交往新的朋友,才能保障心理健康。

(二) 社会活动参与

参与社会活动对于老年人心理健康有着积极的影响。老年人应根据自己的情况,适当参加生产劳动、体育锻炼、脑力劳动及钓鱼、养花、集邮、旅游、书法、绘画等活动。还可以在某种程度上继续过去的工作,或者再开辟一片新天地。

为促进老年人更多地参与社会活动,家庭层面应秉持鼓励支持的态度，社区层面应开展多种多样的适合老年人参加的社会活动；同时，整个社会要在多方面支持老年人参与社会活动，如社区医疗卫生机构为老年人提供健康指导，动员社会力量开展老年人喜欢的各种学习培训，发展托幼事业等减轻老年人家庭照料负担，多渠道提高老年人社会参与。

（三）社区心理咨询

许多社区建有心理咨询室，有志愿者为精神寂寞特别是患心理疾病的老年人提供心理关怀服务，还有专业的心理疏导机构，有专业人员为社区的老年人做心理疏导。老年人要善于利用这些平台，通过电话、上门咨询、网上咨询等方式，接受心理咨询服务，缓解老年人的心理"空巢"，解开心结、快乐生活。

老年人是一个特殊的社会群体，政府应更多地建立老年人服务机构和各种福利设施，如老年精神卫生中心、养老院、托老所、老年公寓、老年大学等，解决老年人的生活困难，丰富老年人的精神生活，驱除老年期的孤寂。理解并支持他们正当的心理需求，通过适当的方式协助他们解决孤独感、失落感问题，重构幸福生活。

第六章

高龄老年人的社会支持与生命教育

在"由生向死"的生命历程中,生命的老化像自然界的严冬一样寒冷,每个人都会面对不以自己意志为转移的衰老,直到生命的终点,无人能够豁免。然而,如何面对生命的消亡呢?西方文化将生命的消亡视作"回到上帝的归宿",而中国传统文化回避死亡话题,甚至将死亡视作不祥,以至于人到高龄期,即80岁以上时,会面临心灵的恐惧。开展生命教育,引导老年人走出恐惧,理性看待生死,妥善安排身后之事,有助于老年人树立正确的生命观,最终实现身、心、灵和社会层面的均衡发展和健康。

第一节　高龄老年人的自我成长

高龄老年期是波涛汹涌、危机四伏的时期。个体生理的衰退、病魔的捆绑、心智的迟钝、精神的恍惚等现象,随着年龄的增长而逐渐出现。这个时期如果老年人心智成熟,能整合各方面的照护资源,就能顺利度过人生最后一段时光。如果固执、任性,就可能导致家庭关系破裂,陷入失养境地。所以高龄老年人更加需要成长,以迎接压力和挑战。

一、高龄老年人的心理成长

高龄老年人的心理问题与健康紧密联系。疾病给身体带来病痛之苦，同时可能催化心理问题，如焦虑症、抑郁症、阿尔茨海默病等。患焦虑症的老年人总是担心自己的身体，经常要求到医院去看病，到各个科室检查一遍。患抑郁症的老年人十分担心自己成为家人的负担，总是谴责自己，像"玻璃人"一样动不动就伤心。患阿尔茨海默病的老年人会发生幻觉，不知道自己吃饭了没有，或者弄不清白天晚上。高龄老年期是老年人一生中最需要家庭照顾的时期，家庭的关爱和亲友的支持成为老年人幸福生活的支撑。高龄老年期身心健康维护是第一要务。

首先，老年人到了高龄期，要避免两种倾向：一种是强撑，一种是娇气。就强撑而言，老年人要知道这时期好多事情自己有心无力，需要找到能依赖的人帮助自己，要勇于求助。假如儿女都在外地，一年只能回来一到两次，那么，老年人自己或者老年人的家属就要考虑本地有无亲属，求助于亲属帮忙照料，当然要通过回馈维持关系。如果儿女就在身边，感觉自

第六章 高龄老年人的社会支持与生命教育

▲精神疾病不那么简单

己有照顾需求的话，也要直接给儿女说。一位80岁老奶奶，整夜睡不着觉，持续了三个月，给女儿说，女儿觉得这么大的人睡不着觉，也没有什么，就劝她："你不要胡思乱想了，不再乱想就好了。"老奶奶控制不住自己的情绪，即使一件小事，都焦虑得要命。最后，实在忍受不了，请求女儿给自己找个心理医生。女儿带她到医院精神科去看病时，医生做完评估，说："这么严重才过来看？"然后开了药。服药之后，规律治疗，情况逐渐好转。就娇气而言，感觉自己老了，就什么都不做，反而会加速衰老。例如，一位老人84岁，六七年前做过青光眼手术，觉得自己什么都不能做，不能做饭，不能闻油烟味道，不能打扫自己屋里卫生，每天躺在床上，或者坐在窗户前面。儿媳妇十分反感,又不敢多说,就常常回娘家躲避。儿子上班中午回不了家,老人就做水煮菜吃,放点儿子给他炒的肉。每天只坐着,腿上感觉没有力量,渐渐地连上厕所都觉得路太长。老年期做力所能及的家务,既可以构建和谐家庭,又可以强健自己身体。

其次,老年人要有正确的金钱观,要用钱来替自己做事,如雇用保姆或者钟点工等。尽管这一代老年人习惯了勤俭节约,但也要想得通、放得开。例如,有一对老夫妇,退休工资1万多元,按理说是比较富裕了,但老先生突发脑梗死失能之后,老太太却几次三番对儿女雇用的保姆提意见,缘由都是一些鸡毛蒜皮的小问题,什么保姆多喝牛奶了,保姆浪费水了,保姆顶嘴了,等等。每一个保姆都干不了多长时间就不干了。老太太经常勉强自己照料老先生,结果老先生还没有走,老太太先走了。所以,老年人要想开一点,大方一点,该花钱花钱,保姆也高兴,子女也高兴,自己也轻松。正如有位老人说的那样:

> 你走的时候,一分钱都带不走,到了养老院

里，就带几件衣服和日用的东西，顶多带个相册就行了，金银细软哪里敢带上？那都是暂时属于你的东西。

高龄期老年人一定要实事求是地谋划照顾方式。自己能做决策的时候自己决策，不能决策时让儿女决策，自己要面对现实，否则情况会更加糟糕。

第三，放宽对于自己的要求。人到高龄，身体机能衰退，好多事情做不到了，老年人要想得通。一位90岁的老奶奶说：

> 我身体的毛病可多了，你说啥，我听不清；腿也疼，不能走快；不过我不管它。家里能收拾成啥样，就啥样。收拾不了，就让孩子们星期日过来收拾。我上午出来买买菜，中午睡上一觉，下午就在家里看看报纸，不出去了。家里孩子们给订的《生活文摘报》《健康之友》《老年报》，我都忙得看不过来。

这位老奶奶生活得十分幸福。如果这位老奶奶要求很高，嫌弃孩子不过来照料，一肚子的怨气，就会陷入恶性循环。孩子有自己的事情，不可能时时刻刻陪伴在老人身边。有的老人总是对孩子说：

> 你看人家谁家的孩子特别孝顺，给他妈买大房子住；谁家的孩子带他妈旅游了；谁家的孩子整天过去给她妈做饭……

这类型的话，越说孩子离自己越远。因为你没有想到孩子也不宽裕，也没有退休，他们也很忙。高龄老年人在照顾自己的同时，尽量把要求提得具体一点。例如，你能不能帮我做点或者买点主食送过来，每周能否给我买一次菜等。这种具体的要求孩子基本都能做到。前述90岁的老奶奶家庭关系就处理得非常好。老奶奶开通而豁达，每天坚持出门锻炼，打太极拳，做拍手操，尽量不给孩子找麻烦，得到了孩子们的尊重，自己也活得自在。

第四，要善于寻求社会支持与帮助。如日间照料中心、老年餐桌、养老服务中心等，这些地方均有政府补贴，服务低于市场价格。2019年9月，民政部印发《关于进一步扩大养老服务供给　促进养老服务消费的实施意见》，通过引入一批专业养老服务机构，为有需求的居家老年人建设家庭照护床位，提供专业照顾服务，不断提升老年人获得感、幸福感、安全感。人群重点面向独居、空巢、留守、失能、计划生育特殊家庭等特殊困难的老年人。普通老年人可以通过社区申请独居老年人互助、高龄老年人陪伴与探访服务等。伴随着社会的发展，社区服务将会日益完善。

二、高龄老年人权益保障

高龄期老年人是最容易遭遇虐待、赡养纠纷的时期。虐待往往比较隐匿，特别是发生在家庭中，除了当事人报案，公安机关介入之外，其他人几乎无法知晓。老年人一旦遭遇虐待，无论是经济虐待、精神虐待都非常无助，社区、民政部门、老龄工作委员会等相关机构有责任接受居民反映，主动查访，核实虐待现实，并联动公安机关进行处理。2021年1月1日起实施的《中华人民共和国民法典》（以下简称《民法典》），涵盖了公民的生老病死，对全生命周期进行全方位保障。老年人权益保障主要体现在以下3个方面。

(一) 依法处分自身财产的权利

成年子女对父母负有赡养、扶助和保护的义务。子女或者其他亲属不得干涉，不得强行索取老年人的财物。老年人有依法继承父母、配偶、子女或者其他近亲属遗产的权利，有接受赠与的权利。任何剥夺老年人财产的行为都是违法的。老年人可依据法律保障自己的合法权利。如果子女剥夺老年人财产，老年人可以先寻求民政部门调解协商，协商未果，可向当地法律援助中心申请法律援助，依法向人民法院提起诉讼。如果无子女或者子女不赡养老年人，可以依据成年人意定监护制度，在意识清楚的时候，书面指定一个人或者组织作为自己失能后的监护人，照顾自己的生活。

假如老年人自己养老资金不足，也可以选择以房养老，也就是将自己的房屋抵押给有资质的银行、保险公司等金融机构，按照约定条件领取养老金直至身故，保险公司等方可获得抵押物的处置权。

(二) 获得赡养的权利

老年人有要求赡养人给予赡养费的权利，赡养人不得以放弃继承权或者其他理由,拒绝履行赡养义务。老年人也可以通过遗嘱赠与行为约束子女的赡养行为。

(1) 遗嘱约束。根据《民法典》第一千一百三十条规定:"对被继承人尽了主要扶养义务或者与被继承人共同生活的继承人,分配遗产时,可以多分。有扶养能力和有扶养条件的继承人,不尽扶养义务的,分配遗产时,应当不分或者少分。"老年人可以通过遗嘱处分财产,反向约束成年子女履行赡养义务。

(2) 赠与附加义务。有些成年子女在获得父母赠与的资产之后,就不再履行赡养义务。根据《民法典》第一千一百四十四条规定:"遗嘱继承或者遗赠附有义务的,继承人或者受遗赠人应当履行义务。没有正当理由不履行义务的,经利害关系人或者有关组织请求,人民法院可以取消其接受附义务部分遗产的权利。"老年人可以依据上述规定,声明自己的态度,管理自己的资产,维护自身合法权益。

赡养纠纷一般起源于家庭矛盾,老年人要保障自身的权益,在处理财产问题时,要尽量避开以下两种倾向。

第一，分配家产时偏心眼。部分老年人因为偏心，财产分配不均，导致子女不满，为家庭不睦埋下隐患。所以在财产分配时应尽量协调子女关系，在适当考虑贡献的基础上，最大限度地做到公平，并向子女说明缘由，避免子女因对老年人不满而拒绝赡养。

第二，二老由子女分别赡养。部分老年人在为儿女分配财产时，往往会订立分家协议。特别是在多子女家庭，分家协议中往往将两位老年人分而赡养，即父母分别由不同的子女赡养。这就可能导致一方老年人去世之后，负责该老年人赡养的子女拒绝赡养另一位老年人，认为那是其他子女的义务。老年人在订立条款时，应避免将两位老年人分别由不同子女赡养的情形。

（三）婚姻自由的权利

老年人的婚姻自由受法律保护，子女或者其他亲属不得干涉老年人离婚、再婚及婚后生活，赡养人的赡养义务不因老年人的婚姻关系变化而消除。

一位苏姓老人中年丧妻，独自将三个女儿和一个儿子抚养成人，年逾七旬，才没有了拖累。在晨练时结识了一位老太太，两人相谈甚欢。渐渐地老太太常来苏家为老苏洗洗涮涮，有时候也做点好吃的，两人相伴散步。自此唤起了老苏的生活热情，哼着小曲，穿衣打扮也讲究了许多。时间一长，儿女看出了端倪，他们合计自己的小算盘，担心老苏的财产落入外人手里。为了不让老苏找老伴，开始轮流回来给他做饭。两位老人只能将光明正大的约会转入地下，等待子女上班以后，才能出去见个面，聊聊天。可惜这样的日子也没过多久，就被子女发现了。他们没收了老苏的工资卡、医保卡，掐断了经济来源，于是两位老人真的天各一方，难以相见了。老苏郁郁寡欢，闷闷不乐，压抑自己的情绪，渐渐像变了一个人，不说不笑，痴痴呆呆，没过多久就去世了。

这些事实摆在眼前，令人心寒。倘若儿女不近人情，为了自身利益，不顾及父母的感受，干涉、剥夺父母的合法权益，带来的只能是悲剧。爱父母就要尊重父母的选择。老年人考虑再婚时也要与儿女沟通，而不要一味地压抑自己，导致自身身体出现问题；或者一意孤行再婚，导致与子女关系紧张。老年人再婚是其权利，但为了避免与子女关系恶化，应将有关的财产事宜及内心想法与子女交流，取得子女的理解与支持。

三、高龄老年人的三重生命

高龄老年人经历了生命的风霜雨雪，看开、看淡、看通透，才能走向自由。王伯军等认为，人有三重生命，强调"如何看待生命，关键是从三维视角，即生命的长度、宽度、高度思考生命，加强生命教育，以提升生命的质量和生命尊严"[1]。在这本书里，我们读到了这样的话：

> 哲学家李德顺提出，人有三重生命，即肉体生命、社会生命和精神生命。作为大自然的一种生灵，人从生到死，饮食生息，和动物也差不太多，这种有形的生命便是人的肉体生命。社会生命是指人的社会存在；每个人在家庭和社会中都扮演着各种角色，承担着各种权利和责任；每担

---

[1] 王伯军，殷祯芩. 感悟生命　夕阳更红——老年生命教育读本 [M]. 上海：复旦大学出版社，2004：1.

当一个角色，就有一重社会生命。人的精神生命，就是人的思想和精神的存在。李德顺强调，用养生之术和体育锻炼来加强自己的人，是在珍惜和强化自己的肉体生命；追求成就和奋斗，用业绩塑造自己形象的人，是在珍惜和强化自己的社会生命；献身于真善美的思想和品德的人，是在珍惜和强化自己的精神生命。

这段话含义隽永。人一般都能想到通过锻炼身体延长自然生命，也会通过努力奋斗来拓展社会生命，但是从精神生命的高度俯瞰人生，这是常人难以企及的境界。即使从自然生命的视角看，延伸生命的长度，主要指健康生存的长度，也需要付出坚持和努力。全国老龄工作委员会办公室、国家卫生和计划生育委员会在2013年共同编印发布的《中国老年人健康指南》共计36条，主要分为6个方面：一是健康生活习惯；二是合理膳食规律；三是适量运动；四是良好心理状态；五是疾病自我控制；六是加强健康管理。

高龄之后，多数老年人生活自理能力欠佳，进入依赖照料才能生存的状态中。因为生活质量下降，有些人"破罐破摔"，放弃了原来保持的健康生活习惯，放松了对于生活方式的管控。如原来不多吃肉的一位老人，对自己的亲友说："我今年80岁了，不管了，想吃啥就吃啥了。"说了这段话后的几个月里，他去买了烧肉，吃多了，上火，引发感冒，又导致了肺炎，很快去世了。所以越到高龄期，越应该坚持健康习惯，小心翼翼地维持和保护自己的身体。那种"抽烟喝酒，照样还在世上走"的高龄老年人一定有自己的长于他人之处，或者心态特别好，或者生活中没有任何压力。对于多数人来说，这是一种奢望，比较现实的方式是保持自己健康的生活方式。

从社会生命视角来看，一个人的生命不仅是他自己的，而有其社会属性与社会价值，与周围的各种人、各个生命有着千丝万缕的联系。他的父母、兄弟姐妹、同学、老师、爱人、朋友，乃至敌人，都是他社会生命的一部分，正是在这一层次上，人背负了更多责任。人在社会中，要处理好方方面面的社会关系，尽自己的社会责任，拓展生命的宽度。对于高龄老年人而言，超越自身局限性，为家庭与社会尽力就是在拓展社会生命。

▲人有三重生命

从精神生命的视角看，要悟透生死，超越当下，以无限的、永恒的、普遍的眼光去审视有限的、必朽的、个别的生命瞬间，进而追求精神上的卓越和不朽。领悟了精神生命，人才活得从容不迫，在走向死亡的过程中，像作诗一样构造自己，用热情谱写生命的篇章。

80岁的安芬老人真挚地说出了自己对于死亡的看法，她说："上了年纪，对于死，这个话题是怎么也绕不过去的。我倒是常常看到、听到身边的朋友们对待死的态度，有着迥然不同的理解和做法。有的老同事自己给自己买墓地，有的早早回老家躲避火葬，还有的早早填写了申请，准备身后捐献遗体……我在过了70岁之后,买下了两身'老衣',把我们两口子的名字写好,放在了地下室,并告诉了儿女。他们避讳这个话题,往往说着说着就转了方向。……我和祖国一起成长,经历了风风雨雨,不知不觉已经到了生命的黄昏,我越来越珍惜身边的一草一木。我有时会想,如果我的骨灰能埋葬在这里的某棵大树下,我定会深深植根于泥土,给它充分的养料,让树木长得更高更壮。也许儿孙们会走到树下,乘凉、休息,微风徐徐之时,我仿佛能看到他们的笑脸,听到他们的谈话,这个时候,才是我最欣慰的、最满足的时候。"

道德上的至善、人格上的至真、生命中的至美是精神生命的最高境界。古希腊先哲苏格拉底达到了这样的境界。苏格拉底被人以"败坏青年,不信神明"为理由告至雅典法庭。在陪审团的法庭上,他没有为自己辩解,而是为他所坚持的真理辩解,他被判处死刑。其时,他的学生缴纳了罚金,他本来有机会离开雅典,逃避死亡。但他毅然赴死,用自己的生命唤醒了人们对于哲学的尊重,开启了从柏拉图、亚里士多德一直到如今,西方人对于真理的追寻之路。两千年后，我们依旧对苏格拉底敬佩不已,他实现了真正的不朽。

第二节 高龄老年人的家庭与社会支持

社会支持是使某人感知到被关心、被爱、有自尊、有价值的信息①,简单来说是一种提供帮助或者扶持的行为。为高龄老年人提供支持的主体有政府、相关社会组织、市场及家人、亲属、朋友等。其中来自政府、相关社会组织及市场提供的社会支持称为正式社会支持,由血缘关系、地缘关系、业缘关系提供的社会支持称为非正式社会支持。社会支持网络的完善与否关系到高龄老年人的生活质量如何。

一、高龄老年人的家庭支持

对于高龄老年人而言,来自家庭的非正式社会支持是主要的支持方式。尽管由于社会的发展、儿女的

---

① 刘志芬. 社会支持的研究综述 [J]. 文教资料, 2009 (30): 54.

迁徙，许多老年人的社会支持削弱了，但只要家还在，支持功能就仍旧存在，它依然可以发挥纽带的作用，链接周围的社会支持资源，完成照顾老年人的使命。但高龄老年人的照顾与其他时期的老年人不一样，情况更复杂，任务更艰巨。

（一）善于体会老年人心意

高龄老年人的身体特别脆弱，一旦与平时的情况不一样，打乱了自己原有的生活方式，身体很久都恢复不过来。一位接近89岁的老奶奶对院子里的人说：

> 哎呀，又快过年了，我实在不爱过年。他们回来，光是陪着他们说话，也可累了。

有些话，老年人不好意思跟子女说，子女也体会不到老年人的感受，双方都很累。子女逢年过节千里迢迢回来看望老人，老人却觉得太累了，有时候还发脾气。当子女体会到老人心意之后，就能够想到应对的方法。对于老人的难过，不如点破，免得年复一年，双方不适。每到过年，勤帮忙，人要少，不要吵，多送主食，带走洗涮的东西，不搅扰老人正常的生活秩序。聚会可以改在兄弟姐妹家里进行，当然有的老年人若喜欢热闹，则另当别论。王奶奶的小女儿特别善于体会老妈妈的心意，知道每到星期天，哥哥姐姐要回来，妈妈盼望儿女回来，又担心自己做不了饭，就发愁。小女儿周六周日全天待在妈妈家里，担负做饭、收拾卫生的工作。体会老年人的心意，就体现在这些点点滴滴的小事上。

体会老年人心意也表现在让老年人高兴上。有位老父亲受传统观念束缚，对于儿子特别关照，一心想把自己的房子留给有孙子的小儿子。大儿子体会到之后，就主动和父亲说了这件事，并和兄弟姐妹商量，让老父亲按照心里的想法做。于是老父亲特别高兴，写了遗嘱，将房产给了小儿子，将存款平分给了其他子女。老父亲每次让孩子开车带出去的时候，都说："花我的钱，你们不用花。你们还有的是花钱的地方呢，我这里没有了。"

反过来，另外一家子的情况就有点糟糕。老父亲自作主张将房产留给了小儿子，大儿子非常生气，老父亲病了，大儿子就对小儿子说："你都得了房产，你出面张罗照顾父亲。"小儿子也生气吵起来"凭啥我照顾？父亲给我房子是他愿意，我和他一起住在这里，平常就我照顾，病了你们还不照顾？"两人不欢而散。老父亲落入了没有人照顾的境地。最后，其他长辈出面组织几个儿女出钱，才将老父亲送到医院治疗。

（二）设法解决老年人问题

高龄时期老年人还会糊涂。有一位老爷子，家有五个姑娘，老爷子糊涂了，整天怀疑姑娘们偷了他的钱，嚷嚷"你们谁拿了我的钱了！"面对这种情况，姑娘们商量了一下，让一位女婿通过银行找了一包练功券，拿给老爷子，说："你看，这是你的钱。谁也没有拿你的钱。"老爷子一看，十分高兴，整天抱着自己的钱，心里高兴。类似这种情况，屡见不鲜。原谅老年人的糊涂，寻找替代的方法，解决老年人的心病。

有的老年人进入高龄期之后，昼夜颠倒，儿女像哄孩子一样哄着老年人睡觉。老马母亲87岁，每天闹腾，把窗帘、床单都撕碎了。给她穿上尿不湿，她撕开，尿在床上。老马的姐姐们都生气不想管了。老马没生气,每次过去照料,都精心照顾。母亲昼夜不分,一会儿打一个盹,醒来了就一会儿想上厕所,一会儿想吃饭。老马抱住母亲说:"妈,现在晚上,不能吃饭。"轻轻拍着母亲睡觉,不分白天晚上跟着折腾,累得都脱了相了。后来老母亲走了以后,老马自己病了半年。

有的高龄老年人患有心理疾病,有些行为无法理喻。家里人生气骂他,但是没有用。一眼看不到,就故伎重施。据国外心理专家分析,老年人没有了心理的快乐感觉,就剩下了身体的快乐,所以他会像个小孩子一样,随意玩耍。这个时候更加考验子女的爱心和耐心。不生气不发火,帮他们收拾残局,就是孝顺。

(三) 勇于承担照顾重任

当代老年人基本上都有多个子女,在高龄老年人的照顾中,常常会出现照顾负担不均,或者有些子女无法或不愿承担照顾任务的情况,这时候谁有担当精神,谁就成了家庭的顶梁柱。

有这样一个家庭,家中老母亲已经88岁,原来议定两个儿子每半年轮流照顾母亲,结果大儿子照顾母亲半年之后,二儿子接母亲到县城老家里,二儿媳妇嫌弃老母亲不干净,咳嗽、吐痰,将家里弄得很脏,就甩脸子看,还不停地问:"你怎么还不走呀?"二儿子回来和媳妇吵架,媳妇回了娘家。老母亲没办法,只好又由大儿子接回到城里。尽管这样大儿子付出变多,二儿子也给不了照顾费用,但大儿子不忍心让母亲受罪,自己扛起了照顾母亲的重任。

类似这样的案例层出不穷。在老年人身边的孩子,负担会重一些,照顾老年人多一些,挨骂多一些;在外面的孩子,很少回来,一旦回来,老年人喜欢得不得了。这种不均衡、不合理的现象尽管常常出现,但是家不是用秤砣来称量劳动的地方,只要自己有能力,即使付出的比兄弟姐妹们多也无妨,这样才能赢得老年人安心,兄弟姐妹放心。高龄期是老年人一生中最需要家庭照顾的时期,照顾老年人也是为自己心安,子女无论怎样都要承担起照顾重任。

二、高龄老年人的社区支持

（一）社区探望

高龄老年人随时都可能发生突发情况。一位85岁的老父亲平时家中独居，身体比较好，有一天突然晕倒，站不起来，只能躺在冰冷的地上等待女儿过来。两天之后女儿过来，老父亲尚有一口气，等送到医院时，已经断气了。由此可见，构建社区服务体系，特别是邻里服务体系，关怀和照顾老年人已经成为社区服务的重中之重。一位退休老人说：

> 我觉得未来的社区要向老年公寓发展，有看病的、有协助买菜的、有跟踪探访的。尤其是子女不在身边的老人、失独老人、子女犯罪的老人，这三类老年人要视他们的情况，一天一次看看他们，或者一周一次看看他们，帮助他们做点事情。如果让这些老年人都去养老院，那老年人的房子放着不住也是浪费，家里的东西也都浪费了。未来社区应该有这样的功能。

社区协助家庭，提供可及的服务是社区未来的发展方向之一。

伴随着老龄化的加剧，一些社区开始成为老龄社区，老年人的比例增加到了30%左右，需要设置专职的服务人员开展工作，根据老年人需求设立服务项目。服务内容主要包括生活照料、家政服务、精神慰藉3大类，细分为送餐、洗澡、巡诊、康复锻炼、陪送看病、打扫卫生、洗衣、做饭、电话接访、陪老年人聊天、法律援助等。河北省石家庄市曾经在政府购买的"星火项目"中，专门在实施地的老旧社区设立专职的社会工作服务人员。两年期间，两名社区服务工作人员与当地老年人培养了真挚的感情，当评估人员评估服务项目的时候，老人拉着评估员的手说：

> 这些姑娘们好啊，她们不嫌我们老，不嫌我们啰嗦，经常过去看我们，还带着我们锻炼身体，帮我们解决困难。可不能让她们走啊。

该项目的实施效果说明在老年人集中的社区，设立社工服务岗位非常必要。

即使没有政府购买服务项目,有些社区干部整合当地社会组织资源,建立社区志愿者团队,定期探望高龄独居老年人,缓解老年人的孤寂,效果也非常突出。太原市万柏林区长风西街街道丽华社区康主任说:

> 我们是"全岗通",社区每天必须留一个人,处理问题,其他人都下社区,入户。我们都排好时间了,80岁以上的老人都过一遍。我们还有志愿服务队,在一个楼里生活的,平时就去敲敲门,问问、看看,帮忙捎个菜、倒个垃圾什么的,老人们反映不错。有时候,老人们没有事情干,上午就去社区坐一坐,我就安排一个人去和他们聊一聊。

尽管社区干部的事务性工作较多,但是深入到居民家庭中,了解情况,组织社区低龄老年人服务高龄老年人,也是一项非常重要的工作。

有些社会组织也进入社区开展关爱老年人服务,这种类型的服务需要设立政府购买志愿服务项目,以积分的方式回馈志愿者，才能使关爱老年人、服务老年人工作长久。

(二) 社区协助

高龄老年人是国内社区服务的重点人群，近年来，新的服务形式层出不穷。从老年餐桌、日间照料中心、养老驿站，到养老服务中心，老年人可以自由选择服务项目，老年人要擅于利用这些服务，缓解自己的困难。太原市智慧我家社区家庭服务有限公司的李总经理说：

> 你每月付300块钱，我们就给你提供300块钱左右的生活服务，也就是每天一餐饭；你每月付500元，生活服务相应提高一点。假如说你每月付1500块钱，那除了一日三餐以外，还可以增加每周两次的打扫卫生服务。政府提供的服务总体上比市场上的服务收费低一些，但是它也要有长久的发展支撑，老年人才可以持续地享受到政府提供的服务。

老年人要摆脱"免费的服务全都要，收费的服务全都不要"的状态,随着社会的发展,逐渐接受使用市场和社区的资源协助自己养老的方式。如果自己收拾卫生力不从心了,不要勉为其难,可以在社区找一家家政公司,上门给打扫一下卫生。如果自己手术后,孩子们不方便照顾,可以到养老服务中心住几天。老年人要勇于尝试,设法用社会资源解决自己的困难。

社区是多种服务资源的链接者和社区志愿服务的组织者。正如一位社区负责人所言:

> 老年人的服务需求多种多样,中国的老年人主要是雇用保姆,假如每月收入2000元,不能都付给保姆,雇个半日制保姆就行了,或者两三天雇一个钟点工也行。将来社区就是一个服务中心,老年人可以到社区反映自己的服务需求,社区提供可购买的服务。政府购买服务满足托底人群的需要就可以了。志愿者是同单元的,可以去看一看、帮一帮,后勤部门可以协助维修。这样,社区就盘活了,老年人就能居家养老。

(三) 社区护理

2016年6月6日,《关于推进家庭医生签约服务的指导意见》由国务院深化医药卫生体制改革工作领导小组办公室与相关部门联合发布。各地开始推进家庭医生的签约服务,社区护理作用加强。许多社区利用健康档案,开展健康跟踪,预防和控制疾病,解决常见病和慢性病照护、术后康复服务等难题。社区护理的服务建构起熟悉的医患关系,让老年人获得身体和心理的双重支持。

2019年2月,国家卫生健康委员会发布了《关于开展"互联网+护理服务"试点工作的通知》,以及相应的《"互联网+护理服务"试点工作方案》,要求医疗机构利用在本机构注册的护士,依托互联网等信息技术,以"线上申请、线下服务"的模式为主,为出院患者或罹患疾病且行动不便的特殊人群提供护理服务,提高失能、半失能老年群体的生活质量。这些政策对于加强社区护理产生了积极的作用。

三、选择合适的养老院

在无法独立生活时,部分老年人将选择入住养老院。按照国家"9073"或"9064"的政策框架，90%的人居家养老，6%或7%的人依赖社区养老，3%或4%的人进入机构养老。目前养老院总体入住比例不高，因现在的老年人大部分是"30后""40后""50后"，家中多子女，多数可以实现家庭照料。少数家庭因各种原因无法照料老年人时，才会选择让老年人入住养老院。伴随着社会的发展，老年人入住养老院比例将会提高，排斥养老院的社会现象也会改善。高龄失能失智老年人入住养老院反而能够得到较好照顾，因为这些老年人大部分昼夜颠倒，家庭照料负荷沉重，入住养老院，晚上有专人值班，反而能够得到更好的照顾。

子女在为老年人选择养老院时，除了考虑价格、地理位置因素之外，也应当考虑养老院的设施条件，尽量选择有院子，便于老年人晒太阳、户外活动的地方。如果养老院仅是孤单的一栋楼，老年人不能下楼活动，身体会快速老化，如一位老人说的"在这里如住监狱一样"，这种情况就比较可怕。再者，要选择气氛和谐、温馨舒适，护理员比较有爱心的养老院。子女要通过观察养老院的一些活动情况来考察养老院的管理状况。例如，有无老年人参与管理服务，有无老年人活动记录，有无餐饮价格公示等。

养老院老年人平均年龄在 85 岁左右，大部分生活无法自理。老年人入住养老院之后，子女要经常看望。因为养老院也是一个社会，老年人之间也会出现矛盾，子女看望次数少的老年人会产生被其他老年人歧视的想法，进而生气、暴躁，或者不与其他老年人说话，加速自身的老化。高龄老年人自己无法解决自己的问题，子女是老年人生活的唯一支持。如一位养老院院长所说：

> 孩子存在的意义在于，孩子的存在本身就是一种威慑。……在养老院里什么叫弱，什么叫强，不是看你年轻的时候在社会上多有地位，赚了多少钱，而是看别人欺负了你以后会不会有人来找他算账。

孝顺不孝顺不在于送不送养老院，而在于把老年人送去养老院后还关心不关心。选择合适的养老院，送老年人入住，经常去看望，帮助解决问题，老年人依然会有比较高的生活质量。

第三节　高龄老年人的生命教育

生命教育兴起于20世纪60年代，旨在妥善安排生活，以尊重和负责的态度对待自己的生命。目前老年生命教育多在学校进行，以课程和讲座形式为主，但也应发展出社区教育，组织参观养老机构、榜样力量教学、体验生前告别式等多种形式的活动，以此更有效地达到强化老年个体生命体验的目的。

一、高龄老年人的生命状态

高龄老年人即将走到人生的尽头。有的老年人会因恐惧而变得敏感，他人无意间的一句话或一个动作都会让老年人伤情，认为是嫌弃自己；有的变得特别暴躁，叫喊打骂家人。有的老年人则非常坦然，有条不紊地将自己收藏的东西分给儿女、送给友人，乃至准备好了自己临走时穿的衣服，安安静静地等待离去。生命教育恰恰要告诉老年人什么是生命的最好状态，让他们逐渐认识到生命的离去是很正常的事情，平静地接纳它，正确地看待它，从容地走过它。

(一) 恐惧中的挣扎

一些老年人对死亡极度恐惧，想到自己年岁大了，身体不好，就自然而然地感觉生命快要到尽头了，联想到宗教理论对死后世界的恐怖渲染，加上亲历临死者的痛苦状态，就会紧张、忧心忡忡，甚至自暴自弃，表现出不可理喻的行为状态，如发脾气、闹腾、不断地提出不合理的要求等。一位儿媳形容自己公公的样子：

> 我公公九十几岁了，怕死怕得不得了。现在一天净折腾了，早上打电话，问他儿子："你在家干啥呢？领我看病去，给我检查检查。"儿子说："你没病，不用检查。"他就发火，骂道："你们是盼我死了吧？我到你们家里去，把你们家里砸了。"每天守着电话，一说是卖保健品的，就要买。你不让他买，他就来脾气了，挂上拐棍，咚咚地敲地。"我去养老院呀，把我的钱都带上"。哎呀，就是在家我婆婆伺候得他太舒服了，老太太每天给洗衣做饭，伺候了一辈子。

老太太说:"你是没活够,我可是活够了,累死我了。"

这类老年人未接受过生命教育,对于死亡十分恐惧,自己苦不堪言,也成为家人的沉重负担。

(二) 达观生死

有一些老年人是生命中的强者,他们认为死亡是一种归宿,生和死都是很自然的现象,有生就有死,无法抗拒。所以,首先考虑的是过好自己的生活,没有必要去为无法抗拒的死亡和根本不存在的死后世界忧虑、烦恼,尽可能使人生过得有价值、有意义才是值得的。山西省晋南某城市 80 岁的退休老人杜先生对子女说:

> 我已经 80 岁了,在我们家族里算是高寿了。不管我以后得了什么病,不要做手术;不管我清醒不清醒,不要给我插管子,我该走就走了。80 岁了,已经很好了。我走的时候,你们不用穿白衣服,戴上一朵白花就行。村子里的人不要收人家的礼钱,让人家过来吃饭就行。咱们家里没有

给村里人帮过忙,吃顿饭就算是还了人情了。我入土为安,咱不做七,不麻烦了。

其豁达开明让人感动。81岁时,杜先生感冒发热,引发肺炎,一周后去世。杜先生的妻子对儿女说:"你爸爸走得安然,人家好像提前知道似的,啥都给你们安排好了,自己也没有受罪。人啊,该走的时候就走,要不,娃娃太累。"老太太每天将自己收拾得干干净净,对生死依旧很达观。

(三) 回避死亡

一些高龄老年人内心非常害怕,小心翼翼地不愿去触碰这个问题,一旦有人说到这个问题马上躲避。人对死亡的恐惧并没有什么特殊之处,它是人无法控制的一种情绪。回避死亡可以暂时地忘掉这件事,但不会永久地解决。

某位退休老人,回老家养老。他只能聊高兴的事,不能聊不高兴的事。只去参加"红事"(喜事),不去参加"白事"(丧事)。谁家有"白事",他也不去帮忙,害怕接触死亡。后来,当他病重去世之后,来帮忙的人自然也少了,显得孤零零的。农村特别讲究"红白喜事",大家都来帮忙,特别是"白事"不请自到,主动去帮忙。

回避死亡带来的是对身后之事缺乏必要的安排,同时导致子女之间因照料问题产生争执,给后代带来无尽的烦恼。

二、高龄老年人生命教育

(一) 关于生命的哲思

英国哲学家罗素在《怎么变老》一文中讲道:

> 有些老年人恐惧死亡。要是年轻人这样想,那倒情有可原。那些害怕在战争中阵亡的年轻人,想到自己被生活所欺骗,错失了生命中最美好的东西,感到苦涩理所当然。但对于一个尝遍人生酸甜苦辣,实现一生抱负的老年人来说,恐惧死亡就有点不光彩了。战胜对死亡的恐惧最好方法是——至少对我而言是可行的——逐步地拓宽你的兴趣,并使其不受人际感情的影响,直到自我的围墙慢慢地坍圮,你的生命加快融入众生之中。一个人应当像一条河流——一开始时窄而

浅，静静流淌于两岸之中，然后，奔腾冲击于岩石之间，飞流直下于高崖之处。慢慢地，河流越走越宽，河岸逐步退去，水流更显平缓，直到最后，毫无迹象地融入大海，平和地失去了独自的存在。垂暮之人，倘能如此看待生命，也就不会惧怕死亡，因为他所关注的事业仍在继续。倘若精力日衰，疲劳日增，想要进入永恒的休息也许就不会那样无法接受了。我希望自己能在工作中死去，我知道他人会继续我未竟的事业。想到我曾经竭尽全力地工作过，我就心满意足了。

正如罗素先生一样，老年人在了解生命意义之后，有着坦然的态度，不担忧，也不畏惧。普通的退休老人王安芬因为在65岁的时候遭遇过一次手术，从此看开了生死，她说：

活了大半辈子，看淡了一切，随遇而安、顺其自然、听天由命。到什么山头唱什么歌，你永远不知道灾难和病痛何时发生，姑且把自己的今天活好，活出质量，活出快乐，未来你摸不到，不可企及，那就不去理会了。

在衰老到来之前，对于无限延长生命的渴望和掉入空洞一般的内心挣扎，完全可以在生命过程中体悟、释然，化解为活在当下的坦然，或者"创造一些可以传递给他人，并丰富他人人生的事物的内心满足感"①。

（二）生命教育的起步

美国的生命教育起步较早。1959年，美国心理学家赫尔曼·菲费尔编著了第一部与死亡有关的学术专著《死亡的意义》，为开展生命教育提供了学术基础。1963年罗伯特·弗尔顿在明尼苏达大学首次设立了生命教育课程，之后美国的生命教育不断发展。美国的幼儿园和中小学有专门的"死亡教育"内容，老师会根据小动物的死亡、同学或家人的生病或死亡来帮助孩子们认识死亡。告诉孩子"死亡就是不存在了，不管多么伤痛，改变不了这件事，这是一个很

---

① ［美］欧文·亚隆. 直视骄阳征服死亡恐惧［M］. 张亚，译. 北京：中国轻工业出版社，2009：85.

正常的过程"。中小学都有相应的课程来辅导学生理解死亡的意义，正确面对死亡。

我国生命教育起步于20世纪90年代。我国在《国家中长期教育改革和发展规划纲要（2010—2020年）》中提出要重视生命教育和老年教育，努力构建完备的终身教育体系；2016年国务院办公厅印发《老年教育发展规划（2016—2020年）》，指出要丰富老年教育内容，积极开展生命尊严教育。生命教育在上海等地发展为社会工作服务项目。2011年4月上海静安区春晖社工师事务所正式进入当地街道下属的临汾地段社区医院，开始了临终关怀项目。[①] 目前已经是一项国内许多城市都在开展的公益事业。

在东方文化背景下，人们缺乏如何面对死亡的教育，不知道怎样正确面对死亡，就无法挣脱对于死亡的恐惧。一位老年科的医生说：

> 现在西方社会普遍认为"没有质量的生命不值得续命"，医疗界没有过度医疗。假如人没

[①] 王瑞鸿. 幽谷守望临终关怀社会工作案例研究 [M]. 上海：华东理工大学出版社，2017：15.

有吃饭的能力，不主张用鼻饲的方法延长生命。凡是东方文化的国家都不行，理念上觉得活着、长寿就行。医院里非常明显，ICU病房里面住的病人，花费超过10万块钱会启动第二次报销，结果一个月在病房里面花费三四万块，到了家属手里，一个月只花1000元到2000元。家属就让活着，老年人活着就可以拿退休金呀。有专人护理，鼻饲、大小便都有人护理，营养液60～70元钱一袋吧，有人定时打进去。人家家属还说呢："我们雇保姆也雇不到这么便宜的。"而那些年轻的，有个几万块钱放个支架就能活命的，反倒因为他没有钱，就死了。没有办法，东方文化就带来这样的问题。咱们将来老了，不折腾孩子。我已经立下遗嘱了："你们不要给我插管子，不要给我弄到医院受罪，我快点走，你们也早点轻松。"

山西省阳泉市有一对从美国回来的夫妇带领他们的团队从事矿区癌症患者的临终关怀与生命教育。他们认为：

矿区里患肺癌的比较多。一旦患病，内心恐惧，耗尽钱财，受尽折磨。我能为他们做的就是：鼓舞他们生的勇气，给他们关怀与爱护；告诉他们死亡是生命的一部分，尊重自己内心的心愿，有尊严地活着；给予他们镇痛药、营养品、牛奶或者点心，必备的药品，让他们在世时有快乐可言；生前预留遗嘱，实现心愿；讲述自己的生命故事。

这和"选择与尊严"网站的创立者罗点点所言："临终期生命教育的意义就是不做过度治疗，不恐惧、不害怕，争取'生得好、活得长、病得晚、死得快'"殊途同归。

（三）名人效应

社会名人的思想和行为会产生巨大的影响，琼瑶的一封信就激起了人们对于"尊严死"的讨论，推广了"有尊严的死亡"观念。2017年琼瑶发表了一封公开信，即《预约自己的美好告别》，在信中谈了自己对于生命的看法，把自己对于生命消失的看法真实坦然地放在了公众面前，下面节选一段。

第六章 高龄老年人的社会支持与生命教育

我已经79岁,明年就80岁了!这漫长的人生,我没有因为战乱、贫穷、意外、天灾人祸、病痛……种种原因而先走一步。活到这个年纪,已经是上苍给我的恩宠。所以,从此以后,我会笑看死亡。我的叮嘱如下:

一、无论我生了什么重病,不动大手术,让我死得快最重要!在我能做主时让我做主,万一我不能做主时,照我的叮嘱去做!

二、不把我送进"加护病房"。

三、无论什么情况下,绝对不能插"鼻胃管"!因为如果我失去吞咽的能力,等于也失去吃的快乐,我不要那样活着!

四、同上一条,无论什么情况,不能在我身上插入各种维生的管子。尿管、呼吸管、各种我不知道名字的管子都不行!

五、我已经注记过,最后的"急救措施",气切、电击、叶克膜……这些,全部不要!帮助我没有痛苦地死去,比千方百计让我痛苦地活着,意义重大!千万不要被"生死"的迷思给困惑住!

我曾说过:"生时愿如火花,燃烧到生命最后一刻。死时愿如雪花,飘然落地,化为尘土!"我写这封信,是抱着正面思考来写的。我会努力地保护自己,好好活着,像火花般燃烧,尽管火花会随着年迈越来越微小,我依旧会燃烧到熄灭时为止。至于死时愿如雪花的愿望,恐怕需要你们的帮助才能实现,雪花从天空落地,是很短暂的,不会飘上好几年!让我达到我的愿望吧!

人生最无奈的事,是不能选择生,也不能选择死!好多习俗和牢不可破的生死观念锁住了我们,时代在不停地进步,是开始改变观念的时候了!

生是偶然,死是必然。

……

亲爱的中维和锈琼,我们一起"珍惜生命,尊重死亡"吧!切记我的叮咛,执行我的权利,重要重要!

这封信有着震撼人心的力量。在当代医疗科学技术高度发展的今天,"善生"逐渐不是问题,"善死"则成为问题。尊严死的选择牵涉着人的权利,牵涉着伦理问题。唯有个人敢于面对这个问题，并做出正确的抉择，才能避免缠绵病榻之际遭受的磨难与大量无用医疗费用的消耗。

三、高龄老年人临终关怀

（一）选择与尊严

随着人们对生命质量的日益重视，在临终时保持应有尊严的理念逐渐深入人心。"选择与尊严"网站（www.lwpa.org.cn）是中国大陆第一家推广"尊严死"的公益网站。它是由北京生前预嘱推广协会（Beijing Living will Promotion Association，LWPA）在2006年创办的"选择与尊严"（choice and dignity）公益网站的基础上成立的。北京生前预嘱推广协会是一家成立于2013年6月25日的公益社团组织，发起单位为中国医学科学院北京协和医院、首都医科大学复兴医院等；业务主管单位为北京市卫生局。协会会长、理事长为罗峪平，即开国大将罗瑞卿的女儿罗点点。

"选择与尊严"网站包括生前预嘱注册、我的五个愿望、缓和医疗等模块。网站详细地介绍了这几个模块所代表的行动和理念的由来,并在"我的五个愿望"中推出了供中国大陆居民使用的"生前预嘱"文本,公民可以使用其系统留下自己的生前预嘱,并保存、使用、检索等。通过填写《我的五个愿望》做出"生前预嘱"(living will),实现个人自主选择临终时是否使用呼吸机等其他人工生命支持系统。这一做法也因符合自然规律和代表社会文明,早已成为世界多国或地区的通行做法。《中华人民共和国宪法》等法律、法规也支持和保护公民的相关权利。因为帮助临终者实现符合本人意愿的"尊严死"(dignity death),是对生命的最大尊重。

所谓"生前预嘱",指每个人都有权决定自己去世以后,财产将如何分配,其他身后事将如何处理,将之以法律文件的形式记录下来,称为遗嘱。这一概念已被广泛接受,并具有法律效力;同样,每个人也有权决定在自己重病或临终时,进行或不进行何种抢救措施或医疗手段,在意识清楚、能够做自主决定的时候,把自己的意愿以正式文件的形式记录下来,这就是"生前预嘱"。生前预嘱的另一个重要内容,就是指定健康代理人,在你病重意识不清、不能为自己做决定时，代表你与医生沟通，并且为你做出医疗决定。考虑清楚、做出决定、选定了健康代理人后，在有见证人（不能是健康代理人）的情况下，将你的决定写成正式文件。北京生前预嘱推广协会的网站（http://www.xzyzy.com）上有相关表格，可以作为参考。通常生前预嘱并不需要律师参与，也是有效的文件，但许多人会选择让律师作为见证人，使生前预嘱文件更正式严谨。生前预嘱文件准备好之后，下一步，是多份备份，一份交给健康代理人，一份交给亲属，一份自己留存，在病重入院的时候随身携带，交与主管医生。必须强调，立好了生前预嘱以后，一定要让配偶、子女知道，交给他们文件备份，明确告诉他们你指定的健康代理人是谁，你对临终阶段医疗措施的选择，以避免以后可能产生的纠纷。

（二）陪伴与照顾

对医生而言，见惯了死亡，懂得临终之时应当怎样抚慰病人。一位临床医生说：

> 其实到那个时候，就是减轻病痛，把他摆放好了，比较舒服就行了。陌生人不能坐跟前，也

▲生前预嘱有保障

不能牵着人家的手,不然家属看了不舒服,病人也会恐惧。再就是克服死亡的恐惧感。就是地位再高,到那个时候也害怕。一般有信仰的,用信仰上的说法,如佛教的转世、基督教的上天堂都可以。没宗教信仰的,就告诉他,就要回家了,安心走吧。当然不讲大道理,要转移注意力,让他忘掉死亡这件事,如放舒缓的音乐,或者像那个女生一样,给唱个歌。癌症临终病人,都需要临终关怀,因为太痛。全都依赖政府管也不现实,医生要懂点,护士会做,会好一些。

对于家属而言,一是满足老年人的心愿。一位照顾父亲的40岁男子说:"父亲非常不放心母亲,我们知道父亲的心意,就把买下的房子,几天时间简单布置了一下,把父亲接出院到家里住。虽然就那么一间房子,但可以告诉父亲,您二老以后住在这里。老人家就知道我们已经安顿好母亲的生活了。以前一直闹着要我们带他到北京去看病,自从回了家以后,就不再说了。临走的那一天,看着不行了,母亲喊我们给父亲穿上衣服,父亲眼角流下一滴泪,母亲说父亲是想过世的祖母了。父亲走得还是比较安心的。"子女满足父母未了心愿是对父母最好的关怀。二是细心地照料老年人的生活,让老年人安然地离世。人在临终时,内心有不舍和挣扎。有的人表现出来的是闹腾,如提出要求,问子女:能不能带我去北京看病?能不能买一种什么药?家人知道病情已经不可挽回的情况下,只能拖着、瞒着,或者以善意的谎话应对。也有老年人会整夜不睡觉,将儿女叫过来,又没有什么事,就是聊聊天而已。儿女常常觉得疲惫不堪,但知晓自己责任的子女,会尽力满足要求。当然也有一些老年人相对清醒,能将自己身后之事做出安排,如财产分配、老伴抚养等。

"没有临终关怀的死亡就像是没有麻醉的手术"。临终关怀并不止于对于老年人的陪伴和照顾,还包括对于家属的辅导、社会筹款、社会政策倡导等。"目前的趋势是加强社区教育。通过日常的教育培养人们正确的生死观,只有健康的生死观才可能帮助临终患者积极地、勇敢地面对死亡、超越死亡"。[1] 亲人逝去的痛苦只能用时间来稀释,临终关怀使得更多的人将死亡看作一个正常过程,如社会工作者李若霞所谈到的那样:

> 无论距离离开还有多长时间,他们脸上都能带着灿烂的笑容,笑容是不会掩盖内心的,他们对于生与死的看法是那么轻松。

---

[1] 王瑞鸿. 幽谷守望临终关怀社会工作案例研究 [M]. 上海:华东理工大学出版社,2017:108.

后　记

写完这本书之后，我也站到了中年与老年的交界线上。2021年，我57岁了。这个年龄已经感受到了衰老的到来，忘事、体力不济、动辄不适逐渐来到了身边。在克服这些不舒适的同时，努力调节自己的生活，为自己即将到来的老年期做准备，成为这个阶段的必然。此时，才发现研究老年的书籍汗牛充栋，却多是科研论文、学术著作，为老年人阅读而写作的通俗书籍少之又少，学术界的养老研究成果并未转化为可以指导老年人养老的知识。我在各地的讲课中阐述"老年人的人生三课"，遇到的老年人问题十分具体，如"老师，你们做个研究吧，老年人该怎样带孙子"，或者是"老师，我老伴好像就是抑郁症，你说到哪儿去看呢？""老师，你能教我们练习太极拳吗？""老师，你说的我们知道，我们就是没法坚持，懒病治不了。"归结起来，他们要么是遇到具体问题不知道该怎么处理，要么是缺乏监督机制，知道问题在哪里，没有办法克服，只能听之任之。这样的状态难以真正解决问题，人只有认识到问题的严峻性，才能激发其行动的力量。我就是由于父亲的病才走上了老年学的道路。

我的父亲是一名水文地质队员，爬了一辈子山，在60岁退休的时候，身体挺拔、健壮，扛着一袋子50斤的面上楼不是问题。66岁那年正好"非典"，他去到哥哥所在的海滨城市生活了半年，回来的时候，学会了电脑游戏。谁都没有想到，这就是他发生问题的起点。他开始沉迷于网络，每天上午、下午都要在电脑上玩几个小时，主要玩中国象棋。父亲从年轻时候就喜欢下象棋，一直是单位的冠军，自从学会上网以后，找到了对手，他从最末一级棋士，一直升到二级棋士，逐渐地离不开电脑了。有一次电脑坏了，他给我打电话，要求回来修电脑，我说上午有课回不去，下午再说。父亲什么也没有说，我下午回家的时候，他已经跑到外面找了一个人来修好了电脑，自己上网玩去了。父亲一辈子从不求人，为了电脑他肯求人，可见他对于电脑痴迷之深，他几乎是我国的

后　记

第一代老年网民。

到2010年的时候，父亲已经行动迟缓了，骑着自行车，都听不到后面的汽车声音，被汽车撞了一下，虽然腿伤治疗好了，但腿一直不舒服，坐在电脑前的时间更长了。我劝母亲把父亲的电脑停掉。但是其时，母亲还要在电脑上看看新闻，有时候翻翻股市行情，于是坚决反对。哥哥也觉得爸爸依赖电脑，突然停掉他会崩溃。这个事情没有形成决议，于是作罢。回头想起来，这真是一个巨大的错误，放纵了父亲的坏习惯，事情向更糟糕的方向发展。没过几年，父亲开始头晕了，他觉得自己"头上转圈圈"。我领着去看医生，医生诊断他患有脑梗死、高血压，需要服药，并加强锻炼。这时候，我们对于脑梗死不太懂，也没重视。父亲照医嘱开始吃药了，但是上网的时间并没有减少，只是增加了下午到外面转一圈的锻炼时间，病情没有得到有效控制。2012年的时候，他常常和母亲走到公园，就走不回来了，我开车过去把他们接回家。后来，就走不到公园了，又过了一两年，走不出院子了，再后来下楼也困难。2014年，家里开始雇用保姆。从76岁到84岁这八年时间，父亲的病情日趋严重，发展到了连吃饭都需要喂的地步，而且一个人喂不了，他吞咽肌肉没有力量，吃饭太慢，需要两个人轮班。他说话说不清楚，本来就沉默的他更加沉默了。最糟糕的是他控制不住大小便，有时候便在了床上，当他想自己动一动解决问题的时候，问题变得更加糟糕。但是他脑子很清楚，别人说他，他生气，会用力地将毛巾甩到地面上。母亲渐渐失去了耐心，开始在他弄得一团糟的时候，骂他，父亲低着头，嘟囔着"一天天让我死"之类的话。我知道母亲冲他吼了好多次了。他的状态拖住了母亲和我们几个子女，可是，这时候已经回天无力了。父亲患病的过程，也激发我对老年学的兴趣，逐渐懵懵懂懂地进入这个领域。看过资料之后，我才知道脑梗死引起的阿尔茨海默病有多么恐怖，防止老年痴呆不是一个人的战斗，是一个家庭的战斗，按照以前的老经验早已处理不了这样的问题。

由父亲的问题开始想到其他老年人的问题。中国老年人是 2.64 亿人，其中失能老年人 4000 多万人，有多少人和父亲一样由于无知，纵容了自己的不良习惯，患上了无法治愈的疾病呢？从 2018 年开始，我带着学生在社区里进行老年痴呆防控宣传。通过调研发现，老年人有不少人知道老年痴呆，但是将它看作"老天爷给的，那没有办法"。只有极少数人由于家庭或者周围的人患了这种病，开始认知这种疾病，积极锻炼身体，害怕老了以后"傻了"，但对于怎么科学锻炼、综合饮食治疗和慢性病管理，并不清楚。2013年以来，老龄化问题成为全中国最瞩目的问题之一，政策文件密集下达，社会对于"居家养老""机构养老"等问题关注愈来愈热。如何挖掘老年人在养老过程中的内在动力也逐渐引起重视。2016年10月，中共中央、国务院印发《"健康中国2030"规划纲要》，提出"健康行动计划"；2019年6月24日，国务院正式发布了《关于实施健康中国行动的意见》和《关于印发健康中国行动组织实施和考核方案的通知》，成立了健康中国行动推进委员会，并同时发布了《健康中国行动（2019—2030年）》，提出了一系列旨在提升全民健康的行动计划。同年10月，国家卫生健康委员会会同国家发展和改革委员会、教育部等八部委发布《关于建立完善老年健康服务体系的指导意见》（国卫老龄发〔2019〕61号）

更是对于老年健康行动下达了具体的任务指标，凸显了对于老年健康保障能力提升的要求。

2019年12月，太原市委人才工作领导小组经由太原市民政局遴选并建设了8个社会工作名家工作室，其中之一为太原市周玉萍老年社会工作名家工作室。工作室成立以来，为老年人多做一些事，一直是工作室的主题。总结多年的老年社会工作经验，一方面指导老年人建立健康的生活方式，另一方面指导社会工作者服务老年人，于是开始写作这本书。相比于其他老年教育读本，本书增加了大量老年人的案例，相对全面地阐述了老年生活中需要注意的方方面面。网络时代，老年人获取信息的渠道宽阔了，信息的来源却芜杂了，老年人获取的信息正误掺杂，系统性欠缺。本书以年龄为导引，系统地阐述了老年生活过程中遇到的问题，以易于阅读和轻松快乐的方式引导老年人在以后的生活中，安排规划自己的老年生活，形成健康的生活方式，协调好自己的家庭关系，管理好家庭财产，并且在高龄阶段达观生死，顺利度过生命的最后一段。

这本书以2014年以来我所做的大量访谈作为支

撑，目的是让老年人读得懂、用得上。若干年前，诺贝尔奖获得者穆罕默德·尤努斯（Muhammad Yunus）看到一个农妇加工竹凳需要借高利贷时，说："我们这些经济学教授应该感到羞愧，我们能写出论文，但拿不出 27 美元给那些贫苦的人吗？"在游说银行无果之后，他自己拿出 27 美元，让学生借给那 42 个人，等产品出售后再还自己钱，讲好不要利息。结果农妇们很守信用，实现了诺言。1983 年，尤努斯创办的专为穷人贷款的"格莱珉银行"得到政府批准。这事例启发我，学者的研究应该服务于社会上的人，作为老年社会工作的学者如果不以提升老年人的生活质量为目标，那么我们的研究就没有意义。

写作本书，唯一的期望是它能够带给老年人及老年人家属一些启发。当老年人读到它的时候，能够规划健康生活方式，进而获得健康；当老年人家属读到它的时候，能够协助老年人改善不良习惯，提高生命质量。在老龄化到来的时代里，老年人的生命质量在于关爱，在于自律，在于指导。生命的车轮滚滚向前，希望这本书如车灯一般为老年人照亮前路，同时照亮我的生命。有一天当我自己步履蹒跚的时候，也能体验和践行自己倡导的老年健康生活方式。

周玉萍

2021年4月于汾河之滨